U0614789

民族之魂

言出必行

陈志宏◎编著

延边大学出版社

图书在版编目（CIP）数据

言出必行 / 陈志宏编著 . -- 延吉 : 延边大学出版
社 , 2018.4（2023.3 重印）
　（民族之魂 / 姜永凯主编）
　ISBN 978-7-5688-4496-3

　Ⅰ . ①言… Ⅱ . ①陈… Ⅲ . ①品德教育－中国－青少
年读物 Ⅳ . ① D432.62

中国版本图书馆 CIP 数据核字（2018）第 069510 号

言出必行

编　　　著：陈志宏
丛 书 主 编：姜永凯
责 任 编 辑：孙淑芹
封 面 设 计：映像视觉
出 版 发 行：延边大学出版社
社　　　址：吉林省延吉市公园路 977 号　　邮编：133002
网　　　址：http://www.ydcbs.com　E－mail：ydcbs@ydcbs.com
电　　　话：0433-2732435　　　　传真：0433-2732434
发行部电话：0433-2732442　　　　传真：0433-2733056
印　　　刷：三河市同力彩印有限公司
开　　　本：640×920 毫米　　　1/16
印　　　张：8　　　　　　　　字数：90 千字
版　　　次：2018 年 4 月第 1 版
印　　　次：2023 年 3 月第 3 次印刷
ISBN 978-7-5688-4496-3

定价：38.00 元

人有灵魂，国有国魂；一个民族，也有民族魂。

鲁迅先生曾经说过："唯有民魂是值得宝贵的，唯有他发扬起来，中国才有真进步。"

鲁迅先生以笔代戈，战斗一生，曾被誉为"民族魂"。

民族魂，顾名思义，就是一个民族的灵魂！民族魂，是一个民族的精髓，体现了一种民族的精神，是一个民族生存和存在的精神支柱。

什么是中华民族的民族魂？那就是中华民族精神！它是中华民族凝聚力的理念核心，是中华文明传承的基因。它包含热烈而坚定的爱国情感，对生活的美好愿望和追求，为目标努力奋斗的拼搏毅力，为正义事业不惜牺牲自己的精神，以及正确的人生观和价值观。

前言

翻开浩瀚的中国历史长卷，我们可以看到数不胜数的，体现民族精神和民族魂的英雄人物和可歌可泣的感人故事。

民族魂，不仅体现在爱国主义精神和行动中，而且体现在各个领域自强不息的民族奋斗中。而中华民族精神的力量，更是深深植根于延绵几千年的传统文化之中，始终是维系中华各族人民共同生活的纽带，是支撑中华民族生存和发展的精神支柱，是不断推动中华民族前进的强大动力。

民族魂体现在"重大义，轻生死"的生死观中；民族魂体现在"国家兴亡，匹夫有责"的使命感中；民族魂体现在"我以我血荐轩辕"的大无畏精神中；民族魂体现在将国家利益置于最高的爱国情怀中！

纵观中华五千年文明史，曾经有多少杰出的政治家、军事家、思想家、文学家、科学家、艺术家；曾经有多少忧国忧民、鞠躬尽瘁的仁人志士；曾经有多少抗击外敌、英勇献身的民族英雄。他们或顺应历史潮流，积极改革弊政，励精图治，治国安邦，施利于民；或为人类进步而不断进行着农业、工业、科技、社会等各种创新；或开发和改造河山，不断创造着灿烂的中华文明；或英勇反击外来侵略，捍卫着国家主权和民族尊严；或坚决反对民族分裂，维护国家的统一……他们从不同的侧面，体现了中华民族的民族魂，谱写了几千年中华文明的壮丽诗篇，铸造了中华民族高尚而坚不可摧的"民族之魂"。

民族魂，就是爱国魂。从屈原在汨罗江边高唱的《离骚》，到文天祥大义凛然赴死前的"人生自古谁无死，留取丹心照汗青"的诗句；从岳飞的岳家军抗击入侵金兵，到郑成功收复台湾；从血雨腥风的鸦片战争，到硝烟弥漫的十四年抗战，再到抗美援朝的隆隆炮声……哪个为国捐躯的英雄不是可歌可泣的？

民族魂，就是奋斗魂。从勾践卧薪尝胆，到司马迁秉笔直书巨著《史记》；从鉴真东渡传播佛法终在第六次成功，到詹天佑自力更生建铁路；从袁隆平百次实验成为"水稻之父"，到屠呦呦的青蒿素获得诺贝尔奖……哪个不是历经艰难，最终取得成功？

民族魂，就是改革献身魂。从管仲改革到商鞅变法；从王安石变法到百日维新……哪次变法图强不是要冲破

民族之魂

旧势力的阻挠，或流血牺牲？

民族魂，就是创新魂。古有毕昇发明活字印刷，今有王选计算机照排；古有指南针、造纸术、火药、浑天仪、地动仪的发明，今有神舟号的相继飞天……哪个不是中华民族的智慧结晶？

自古以来，多少仁人志士为了维护人格的尊严和民族气节，以生命为代价！留下了"玉可碎不可污其白，竹可断不可毁其节"的称颂；有多少英雄豪杰，为理想和事业奋斗，面对死亡的威胁，大义凛然；有多少爱国壮士面对侵犯祖国的列强，挺身而出而献出生命。

伟大的中华民族孕育了五千年的辉煌，五千年的历史留下了璀璨的中华文明。

前 言

中国人的血脉流淌着顽强不屈的精神！我们的先辈用血汗和生命铸就了不朽的中华民族魂！换得如今中华大地的一片祥和安宁，换得我们现在的幸福生活。如今，我们要实现习近平主席提出的中国梦，依然需要我们秉承祖辈留下的这种"民族魂"。

青少年是国家的希望，亦是民族的未来。因此，爱国主义教育和励志图强教育要从青少年开始。为了增强对青少年的民族精魂和志向教育，我们精心编写了本套丛书——《民族之魂》丛书。

本套丛书将我国有史以来体现民族精神和民族魂的典型事迹，以通俗易懂的语言故事形式展现出来，适合青少年的阅读水平和欣赏角度。书中提供的人物和事件等故事，涉及社会的各个方面，有利于青少年学习和理解，使读者能全方位地领悟中华民族精神。

为了帮助读者更好地理解和吸收故事的精神，编者在每篇故事后还给出了"心灵感悟"，旨在使故事更能贴近现实社会，让读者结合自身的需要学习领会，引发读者更深入的思考。

希望读者们可以从本套图书中获得教益，通过阅读，真正体会到中华民族之魂所在，同时能汲取其精华，不断提升自己各方面的素质和品格，为祖国新时代的建设和发展做出努力。

全套丛书分类编排，内容详尽，风格独具，是广大读者尤其是青少年爱国励志教育的优秀阅读材料。相信本套丛书一定可以成为青少年朋友的良师益友。

民族之魂

　　行，就是行动。孔子道："听其言而观其行。"只有行动才能体现儒道所倡导的"温良恭俭让，仁义礼智信"等这些基本道德规范，强调道德的修养也要落实到行。古书《礼记·中庸》有"力行近乎仁"的观点。所以，在一定程度上，尚行是中华民族传统美德的基点之一，也是中华民族传统美德中的一个重要方面。行，不仅是实现传统道德的途径，更是一种能力、一种心态，是做事的方法。中华民族历来就是一个重行的民族，所以，我们才有几千年的灿烂文明。先贤们用行动为我们创造了丰富的文化财富，为我们树立了求知的楷模，让后人去效法和追求。同时，他们也用自己的实际行动让后人懂得了尚行的重要意义。

　　"讷言敏行"是孔子对后人的训导，意思为少说话、多做事，言必行、行必果，只有行高于言，才能事有所成。成功始于心动，成于行动。坚定的行动，必然源于深刻的认识和觉悟。我国近代教育家陶行知曾说："行动是老子，思想是儿子，创造是孙子。"你要有孙子，非要有老子、儿子不可。所以说，行动是万事之首，只有肯于实践、敢于实践的人才能闯出一番属于自己的事业。去践行，或实现自己的梦想，同时为祖国争光；或创造一个奇迹，让世界瞩目；或探索未知，填补学科空白；或发明创新，推动社会进步；或实践中发现方法，解决疑难。实践是成功之本，实践才能出真知。

　　我国古代灿烂的文化一直享誉世界，诸多的文化成果、科技成就、地理发现都领先西方达几百年之久。创造这些伟大成就的先贤们，始终行走在求知的路上，一刻也不曾停留。在我国古代封建时期，读书人"学而优则仕"是他们自出生就被设定的一条路，然而有些人不顾世俗的偏见，或为自己的理想，或为纠正前人的错误，或为天下苍生，开始了行万里路的征程。他们身体力行，亲力亲为，矢志不渝地探索求证。一项项令世界震惊的发现，一个个令后人骄傲的成果，就这样在他们的努力下诞生了。"司马迁为写史遍访求实""郦道元游历千山万水写出《水经注》""陆羽隐居著《茶经》""杜环游西域写《经行记》""李时珍探访实践著《本草纲目》""鉴真东渡弘扬佛法""中国首环世界的航海家翟墨""彭加木献身罗布泊""全程考察'丝绸之路'第一人"等故事，都用践行的实际谱写了一曲曲感人的乐曲。

　　本书中，我们精心选编了一些体现有践行精神的动人故事，希望读者通过阅读此书，可以更深刻地理解勇于实践、敢于行动的内涵意义，从中受到启迪。在今后的学习和工作中，我们也应以他们为楷模，在求知求学的道路上勇于探索，敢于实践，从而成为有所作为的时代新人。

目录
CONTENTS

第一篇
亲历亲为勇于实践

司马迁写史遍访求实

司马迁（公元前145—前87），字子长。西汉夏阳（今陕西韩城，一说山西河津）人。我国西汉伟大的史学家、思想家、文学家，著有《史记》，又称《太史公记》。

司马迁的家族中，世代都是史官。作为封建社会的史官，就有责任记载帝王圣贤的一言一行，同时也有责任搜集整理天下的遗文古事，更有责任通过叙事论人而为当时的统治者提供借鉴。

司马迁的父亲司马谈年轻时就有志于整理中华民族数千年历史，试图撰写一部规模空前的史著。为此，司马谈做了太史令之后，便开始搜集阅读史料，为修史做准备。但是，司马谈也感到自己年事已高，要想独自修成一部史著，无论是时间、精力，还是才学知识，都远远不够。所以，司马谈就将厚望寄托在儿子司马迁身上，希望他能够早日参与其事，最终实现自己的这样一个宏愿。

于是，司马谈就让儿子司马迁在读万卷书的基础上，开始行万里路。司马迁从20岁就开始漫游，为写《史记》做准备。他亲自采访，获得了许多的第一手材料，保证了日后所著《史记》的真实性和科学性。他的漫游，也成为《史记》实录精神的一种具体体现。

通过考察各地的历史名胜与古迹，司马迁从民间了解到了各种历史人物和他们的事迹，还了解了各地的风土人情和地理环境，获得了历史典籍上所没有的大量翔实丰富的史料。他还曾三次大规模出游，向南行至今天的江、淮、湘、浙，以至四川、云南，北至长城内外，向东行至今河南、山东直达滨海，向西行至陇西等地，足迹踏遍了整个长江和黄河流域。

司马迁在漫游到汨罗江畔时，在当年屈原投江自沉的地方，高声朗诵着屈原的诗，痛哭流涕，所以他的《屈原列传》才会写得那么富有感情。他是亲自去考察过，在学习屈原的基础上来写屈原的。

在曲阜，司马迁又去瞻仰了孔子墓，还和孔子故乡的一些儒生们在一起揽衣挽袖、一步一揖，学骑马，学射箭，学行古礼，以此表达自己对孔子的崇拜和纪念。

在孟尝君的故乡薛城，司马迁走乡串巷，考察民风，而且考察这个地方的民风与当年孟尝君好客养士是否有着一定的关系，所以他走一路，考察一路。

可以说，司马迁在自己的旅程中，不放过任何一个需要了解的历史人物，不放过任何一个存留于人们口头上的故事，因此也获得了许许多多从古籍中所得不到的历史材料，同时还深入民间，广泛地接触人民群众的生活，使得他对社会、对人生的观察和认识也逐渐深入。

此外，司马迁还遍历名山大川，饱览了祖国山河的壮美，陶冶了性情，从而提高了文学表现力。可以说，司马迁的这次漫游，正是他走向成功的极为坚实的一步，是非常典型的所谓读万卷书、行万里路。

汉朝的历史学家班固说，司马迁"其文直，其事核，不虚美，不隐恶，故谓之实录"。

司马迁的《史记》是中国史学上的一座丰碑，被后代史家称为"史家之绝唱，无韵之离骚"。太史公为了记录下最真实、最准确的历史，曾多次全国漫游，去追查真史，从而获得了宝贵的史学资料，为后代学者研究历史留下了宝贵的财富。

■史海撷英

史官的历史

中国的封建社会中，历代都设置专门记录和编撰历史的官职，统称为史官。各朝各代对史官的称谓与分类也大不相同，但主要可以分为记录类和编纂类两种。

史官刚刚出现时以及发展过程中的很长时间，记录类与编纂类是区别不大的，后来才演化出专门负责记录的起居注史官和史馆史官。前者主要随侍在皇帝左右，记录皇帝的言行与政务得失，就连皇帝自己也是不能阅读这些记录内容的；后者则专门编纂前代王朝的官方历史。

春秋时期，"君举必书"，有大史、小史、内史、外史、左史、右史等史官。"大史掌国之六典，小史掌邦国之志，内史掌书王命，外史掌书使乎四方，左史记言，右史记事。"（《史通·史官建置》）《礼记·玉藻》中说是"动则左史书之，言则右史书之"。可见，古代史官的分工和职责是十分细致而明确的。

秦汉以后，史官的名称日益繁多，职务也各有不同，但史官的设置却一直保留下来。秦时归太史令，汉时置太史公，史官职责主要由太史公负责，常务工作则由史书令承担。唐朝时期，设立了起居郎，还有兰台令、柱下史、著作郎、左右史等，历朝历代都有史官这样的官职。

■文苑拾萃

司马迁

（宋）秦观

子长少不羁，发轫遍丘壑。

晚遭李陵祸，愤悱思远托。

高辞振幽光，直笔诛隐恶。

驰骋数千载，贯穿百家作。

至今青简上，文彩炳金膔。

高才忽小疵，难用常情度。

譬彼海运鹏，岂复顾缯缴。

区区班叔皮，未易议疏略。

郦道元游历考察作《水经注》

郦道元（约470—527），字善长。北魏范阳郡涿县（今河北省涿州市）人。北魏平东将军、青州刺史、永宁侯郦范之子，我国著名地理学家、文学家。著有《水经注》一书。

前人的地理著作，包括《山海经》《禹贡》《汉书·地理志》以及大量的地方性著作，所记载的地理情况都过于简略。三国时有人写了《水经》一书，虽然略具纲领，但却只记河流，不记河流流经地区的地理情况，而且河流的记述也过于简单，还有许多遗漏之处。更何况地理情况不是固定不变的，随着时间的推移，地理情况也在不断发生变化。例如，河流会改道、地名有变更、城镇村落有兴衰等，特别是人们的劳动会不断改变地面的风貌。因此，历史上的地理著作，已经不能满足人们的需要了。

在这种情况下，郦道元决心动手写一部书，以反映当时的地理面貌和历史变迁情况。

在少年时代，郦道元就对地理考察有着浓厚的兴趣。十几岁时，他随父亲到山东，经常与朋友一起到有山水的地方游览，观察水流的情景。当时，他们游历过临朐县的熏冶泉水，又观看了石井的瀑布。瀑布奔泻而下的水流，激起了滚滚波浪和飞溅的水花，那铿锵有力的巨大音响在川谷间回荡。这美丽壮观的景色，使郦道元大为陶醉。

后来，郦道元在山西、河南、河北等地做官，经常乘公务之便和公余之暇，留意进行实地的地理考察和调查。凡是到过的地方，他都尽力搜集当地有关的地理著作和地图，并根据图籍提供的情况，考察各地河流干道和支流的分布，以及河流流经地区的地理风貌，或跋涉郊野，寻访古迹，追溯河流的源头；或走访乡老，采集民间歌谣、谚语、方言和传说，然后把自己的见闻详细地记录下来。日积月累，他掌握了许多有关各地地理情况的原始资料。

在著书立说的过程中，郦道元选取了《水经》一书作为蓝本，采取了为《水经》作注的形式，因此取书名为《水经注》。但是，他并不是图省力、走捷径，简单地为《水经》作一点解释，跟着《水经》一书的记述走。在《水经》一书中，记载的河流仅137条，文字总共只有一万多字。郦道元在《水经注》中，补充了许多河流，使河流数量比《水经》中记载的增加了近10倍，达1252条。其中，有很多还是独立流入大海的重要河流。

郦道元所著的《水经注》共计40卷，约30万字。仅从这些就可以看出，郦道元的《水经注》是一部内容远远超过《水经》一书的再创作，书中也凝聚了郦道元大量的辛勤劳动，是他多年心血的结晶。

郦道元生活的年代，正值我国南北分立对峙的南北朝时期，北方为北魏政权，南方先后为宋、齐、梁政权。郦道元虽然只是活动在北魏政权统治的地区之内，其范围大约相当于现在的秦岭和淮河以北的地区。但是，他的著作并没有受到政权和地域的限制，他的视野也远远超出了北魏政权统治的范围，反映了他盼望祖国早日实现统一的心情。

在《水经注》中，郦道元所记述的内容包括了全国各地的地理情况，还记述了一些国外的地理情况，其涉及地域东北至朝鲜的坝水（今大同江），南到扶南（今越南和柬埔寨），西南到印度新头河（今印度河），西至安息（今伊朗）、西海（今苏联咸海），北到流沙（今蒙古沙漠）。因此，可以说，《水经注》是北魏以前中国及其周围地区地理学的总结。

■故事感悟

事物是不断变化的，山川水流更会随着时间的推移而悄然发生变化，所以地理学著作应该不断更新。郦道元发现了前人著作的弊病，身体力行地去全国考察地理状况，所到之处必记录下当地的水文情况。后人应该学习和继承郦道元身体力行、亲身实践求知的精神，把中华民族尚行的美德发扬光大。

■史海撷英

郦道元殉国

郦道元生活在北魏时期，他的前半生中，北魏正值鼎盛时期。439年，北魏太武帝统一北方之后，经过献文、文成等诸多帝王的励精图治，到后来的北魏孝文帝的积极改革，北魏国力日渐强盛。郦道元也跟随孝文帝等人，致力于统一大愿的实现。

然而，孝文帝死后，从500年开始，北魏的国内矛盾开始激化，国力也逐渐走下坡路。至527年，六镇叛乱，四方骚动。郦道元在做官期间执法清刻，"素有严猛之称"，因此也颇遭豪强和皇族的忌恨。北魏孝昌三年（527年），郦道元在奉命赴任关右大使的路上，雍州刺史萧宝夤受汝南王元悦怂恿，派人将郦道元一行围困在阴盘驿亭（在今陕西省临潼县东）。由于驿亭在山冈上，没有水吃，凿井十几丈，仍不得水，最后力尽，郦道元与弟弟郦道峻以及两个儿子一同被杀害。

□文苑拾萃

《水经注》

《水经注》以水道为纲，详细地记述了各地的地理概况，开创了古代综合地理著作的一种新形式。

《水经注》涉及的范围十分广泛。从地域上讲，郦道元虽然生活在南北朝对峙的时期，但他并没有把眼光局限于北魏所统治的一隅，而是抓住河流水道这一自然现象，对全国的地理情况进行了详细的考察和记载。不仅如此，书中还提及了一些外国的河流，这就充分说明作者对于国外的地理也是十分注重的。

从内容上讲，《水经注》不仅详细地描述了每条河流的水文情况，而且还把每条河流流域内的其他自然现象，如地质、地貌、土壤、气候、物产民俗、城邑兴衰、历史古迹以及神话传说等都综合起来，进行了全面描述。因此，《水经注》也是6世纪以前我国第一部全面、系统的综合性地理著述，对研究我国古代历史和地理具有重要的参考价值。

陆羽隐居著《茶经》

陆羽（约733—约804），字鸿渐，一名疾，字季疵，号竟陵子、桑苎翁、东冈子，又号"茶山御史"。汉族。唐朝复州竟陵（今湖北天门市）人。他一生嗜茶，精于茶道，以著世界第一部茶叶专著——《茶经》闻名于世，对中国茶业和世界茶业发展做出了卓越贡献，被誉为"茶仙"，尊为"茶圣"，祀为"茶神"。《全唐文》有《陆羽自传》。

陆羽幼年时期是个被遗弃的孤儿。唐开元二十三年（735年）的一天清晨，竟陵龙盖寺住持智积禅师在西湖之滨散步，忽然听到一阵雁叫，转身望去，看见不远处有一群大雁正围在一起。他匆匆赶去，只见一个弃儿蜷缩在大雁羽翼下，瑟瑟发抖。智积禅师念一声"阿弥陀佛"，快步把这个小弃儿抱回了寺庙里。随后，智积禅师为他起名时，就以《易》占卦辞，"鸿渐于陆，其羽可用为仪"，给他定姓为"陆"，取名为"羽"，用"鸿渐"为字。

陆羽在智积禅师的抚育下，从小便学文识字，习诵佛经，并为师傅煮茶伺汤，但就是不肯削发为僧。智积为使陆羽听话，就用杂务来磨炼他，每天让他打扫寺院，清洁厕所，或练泥糊墙，负瓦盖屋，直至放牛

120头。陆羽虽然备受劳役，但依然不肯就范。

11岁时，陆羽乘人不备，逃出了寺院，跑到一个戏班子里作了"优伶"。陆羽非常诙谐善辩，虽然其貌不扬，而且有口吃的毛病，但他在戏剧中演的丑角却显得幽默机智，因此也很受观众的欢迎。陆羽在演出实践中，还编写了名为《谑谈》的三卷笑话书籍。

唐天宝五年（746年），河南尹李齐物被贬，到竟陵来做太守。县令为太守接尘，便请戏班子前来演出。太守看完演出后，对陆羽很赏识，于是便召见他，赠以诗书，并介绍他到天门西北的火门山邹夫子那里去读书。在读书之余，陆羽也常常为邹夫子煮茶烹茗。

陆羽20多岁时，出游到河南的义阳和巴山峡川，亲眼见到了蜀地彭州、绵州、蜀州、邛州、雅州、泸州、汉州、眉州的茶叶生产情况，后来又转道宜昌，品尝了峡州茶和蛤蟆泉水。21岁时，陆羽便决心著写《茶经》，为此他开始了对茶的游历考察。他一路风尘，饥食干粮，渴饮茶水，经义阳、襄阳，往南漳，直到四川的巫山。每到一处，他都要与当地村老讨论茶事，将各种茶叶制成标本，并将途中所了解的有关茶的见闻轶事记下，做了大量的"茶记"。

经过十余年的游历，陆羽实地考察了32个州，最后隐居在苕溪（今浙江湖州），开始对茶的研究著述，历时5年写成《茶经》的初稿。以后5年，陆羽又对《茶经》进行增补修订，这才正式定稿。此时，陆羽已经47岁了，前后总共历时26年，才最终完成了这部世界上最早研究茶的巨作——《茶经》。

《茶经》是我国唐代及唐代以前有关茶科学和茶文化的系统总结，也是我国茶叶生产、茶叶文化历史的里程碑。宋代陈师道在《茶经序》中评论说："夫茶之著书，自羽始，其用于世，亦自羽始。羽诚有功于茶者也。"同时，《茶经》也是陆羽躬身实践，笃行不倦，取得茶叶生产和制作的第一手资料。《茶经》一问世，便为历代人所喜爱，盛赞陆羽对茶业的开创之功。

陆羽去世后不久，他在茶业界的地位便日益突起，不仅在生产、品鉴等方面，就是在茶叶贸易中，人们也都将陆羽奉为神明。凡是做茶叶生意的人，多用陶瓷做成陆羽像，供在家里，认为这样做有利于茶叶生意的发展。

陆羽开创的茶叶学术研究历经千年，研究的门类更加齐全，研究的手段也更加先进，研究的成果更是丰盛，使茶叶文化得到了更为广泛的发展。陆羽的贡献，也日益为中国和世界所认同。

■故事感悟

陆羽在《茶经》中记载："茶之为饮，发乎神农氏。"中国历来都有饮茶之风，而陆羽开创的茶文化则集中体现了中国的传统文化精髓，这应该归功于陆羽躬身实践所著的《茶经》。他继承神农氏的衣钵，遍访群山名茶，亲自尝试水品，为中国乃至世界的茶文化做出了重要贡献。

■史海撷英

陆羽品信阳毛尖

有一次，陆羽到紫阳洞游历，被这里的山光水色、泉甘茶香深深地吸引住了，一住就是数年。平日里，陆羽便与崇佛寺、太阳庙、观音洞等院的大师为友。他们白天赏茶、采茶，晚间谈诗品茶，探讨茶事，著书立说，学识大进。为了考察淮南茶区，陆羽又复东出舒州，南下黄州，北上寿州，最后再回到紫阳洞，写出了《淮南茶初考》的草稿。他认为，淮南茶光州上，义阳、舒州次，寿州、黄州、蕲州下的简明品定，既依次。

陆羽走后，山民们为了纪念他对淮南茶的贡献，在紫阳洞中增设了他的神位，并定清明节为敬茶神节。民俗至今仍保留有"清明采新茶，试新火"的雅事。

光州现在是河南省信阳市光山县的古称，古时包括、信阳、固始、光山、商城等地区。光州茶，也就是现在的信阳毛尖茶。赛山玉莲则是信阳毛尖中的极品之一，出自光山县凉亭。

■文苑拾萃

《茶经》

《茶经》是我国乃至世界上现存最早、最完整、最全面介绍茶的专著，被誉为"茶叶百科全书"，由我国茶道的奠基人陆羽所著。

《茶经》是一部关于茶叶生产历史、源流、现状、生产技术以及饮茶技艺、茶道原理的综合性论著，也是一部划时代的茶学专著。它不仅是一部精辟的农学著作，更是一部阐述茶文化的作品。它将普通茶事升格为一种美妙的文化艺能，大大地推动了中国茶文化的发展。

全书共分为三卷十节，约7000字。卷上：一之源，讲茶的起源、形状、功用、名称、品质；二之具，谈采茶制茶的用具，如采茶篮、蒸茶灶、焙茶棚等；三之造，论述茶的种类和采制方法。卷中：四之器，叙述煮茶、饮茶的器皿，即24种饮茶用具，如风炉、茶釜、纸囊、木碾、茶碗等。卷下：五之煮，讲烹茶的方法和各地水质的品第；六之饮，讲饮茶的风俗，即陈述唐代以前的饮茶历史；七之事，叙述古今有关茶的故事、产地和药效等；八之出，将唐代全国茶区的分布归纳为山南（荆州之南）、浙南、浙西、剑南、浙东、黔中、江西、岭南等八区，并谈各地所产茶叶的优劣；九之略，分析采茶、制茶用具可依当时环境，省略某些用具；十之图，教人用绢素写茶经，陈诸座隅，目击而存。

杜环游西域写《经行记》

杜环（生卒年不详），又称杜还。中国唐代旅行家。京兆（今陕西西安）人。唐天宝十年（751年），随高仙芝在怛罗斯城（今哈萨克斯坦江布尔城附近）与大食（阿拉伯帝国）军作战被俘，过了近十年的俘虏生活。后来，他游历了非洲埃及等国，成为第一个到过非洲并有著作的中国人。

唐玄宗天宝十年（751年），杜环随安西四镇节度使高仙芝出征西行至西域，与大食军战于怛罗斯城（今哈萨克斯坦江布尔城附近）。结果唐军大败，被俘者甚多。杜环从军在营，也被俘往亚俱罗（今伊拉克巴格达南库法）。

杜环远游中亚和西亚的许多地方，行踪直至地中海，历时11年之久。唐代宗宝应元年（762年），杜环乘商船从阿拉伯半岛经海道由波斯湾、阿曼湾、印度洋，过马六甲海峡、南中国海回归祖国。这是一条海上丝绸之路，也是当时中国海外交通贸易的最远航路。

杜环回国后，便把自己的这段不平凡经历以及在西域、西亚等地的见闻等，撰写成《经行记》一书。杜环的西域之行，走过了当时东西方陆路和海道两条丝绸之路，全程约8万里。而且，他的行踪范围之广，游历时间之长，在中国乃至世界历史上都是极其少有的。杜环也是最早到达西亚和地中海的中国旅行家。他不仅向人们介绍了中亚、西亚和南亚地区的风土人情、地理概况等，增进了人们对世界的认识，还大大地促进了东西方各国人民之间的相互了解及经济、文化等方面的沟通交流。

当时，杜环是唐军俘虏中的一员，他是作为随军书记官参与怛罗斯战役的。在中亚、西亚乃至地中海沿岸等大食境内，杜环游历、居住了十多年之久，也成为中国历史上有据可考的第一个到过摩洛哥的人。在当时的阿拔斯王朝的大城市里，杜环不仅发现那里已有来自中国的绫绢机杼，还亲眼目睹了一些中国工匠（金银匠、画匠及纺织技术人员）在当地的工作，例如，京兆人樊淑、刘泚等人为"汉匠起作画者"，河东人乐陵、吕礼等人为"织络者"。

此外，当时阿拉伯等地的繁荣经济也给杜环留下了深刻的印象，"郛郭之内，里闬之中，土地所生，无物不有。四方辐辏，万货丰贱，锦秀珠贝，满于市肆，驼马驴骡，充于街巷""琉璃器皿，瑜石瓶钵，盖不可数算。粳米白面不异中华"。

杜环在其所著的《经行记》中，刻意描述了他从耶路撒冷启程，经过埃及、努比亚到埃塞俄比亚的阿克苏姆王国的见闻。阿克苏姆人崇敬的三大神中，在天神、地神之外还有海神摩邻，杜环便称其为摩邻国。在进入非洲后，杜环还亲眼见到埃及、努比亚和埃塞俄比亚流行大秦法（基督教），埃及的国教和努比亚沿海的阿拉伯人则信大食法（伊斯兰教），而在尼罗河以东苏丹境内从事转口贸易的牧民贝贾人则崇奉寻导法（原始拜物教）。

杜环还发现，摩邻国人是肤色黝黑、以椰枣为主食的厄立特里亚沿海居民。他在访问埃及时，印象最深的是当地基督教医生最善于治疗眼病和痢疾，对许多其他疾病也都能找到预防的方法，而脑外科手术尤其惊人。当时，阿拉伯的医学中心设在埃及和叙利亚，基督教徒的医生主宰着阿拉伯医术，杜环称他们为大秦医生，说他们秉存着拜占庭的医疗传统。他在《经行记》这样写道："其大秦，善医眼与痢，或未病先见，或开脑出虫。"这一描述也反映了当时地中海地区高超的医术。

《经行记》原书久佚，唯有杜佑在《通典》卷193的《边防典》摘引了数段，《太平御览》《太平寰宇记》《通志》《文献通考》等著作中也都有转引。这些残存的文字，记述的是8世纪中叶前后中外经济文化交流及西亚、中亚各国情况极为珍贵的原始资料。所记的国家有拔汗那国（今乌兹别克费尔干纳）、康国（今乌兹别克撒马尔罕）、师子国（今斯里兰卡）、波斯国（今伊朗）、碎叶（今吉尔吉斯托克马克西南）、石国（今乌兹别克塔什干附近）、大食、朱禄国（今土库曼马里）、苫国（今叙利亚）等国，同时还包括今中亚及西亚各地。文中记载了唐朝被俘流落在大食国都亚俱罗的工匠有金银匠、画匠、绫绢织工、造纸匠等，反映了我国古代工艺技术的西传以及古代伊斯兰地区的工艺文明，其对伊斯兰教的记述至为简要正确。有关大秦法、寻寻法的记载，也都是重要的宗教史资料。

杜环最后返航的地方是埃塞俄比亚的马萨瓦港，他从那里回到波斯湾后，当年便搭船返回广州，那时是762年的夏天。

■故事感悟

杜环游历中亚、西亚十余载，历经千辛万苦，记录了各地的风土民情，准确地反映了当时中亚、西亚的一些情况。回国后潜心著书，最终完成了《经行记》。他的著作给后人留下了丰富准确的史料，他的实践精神更给后世树立了榜样。

□史海撷英

怛罗斯战役

怛罗斯战役发生在中国唐朝唐玄宗统治时期。那时，唐朝的势力与来自现在的阿拉伯、新兴和信奉伊斯兰教什叶派的新兴阿拔斯王朝（即黑衣大食）的势力，在包含昭武九姓国、大小勃律、吐火罗在内的中亚诸国相遇，结果导致战役爆发。怛罗斯战役也是一场当时历史上东西方帝国间最强大的碰撞。

战役的起因，据中国有关史书记载，是由于西域藩国石国"无番臣礼"。后来，唐朝的安西节度使高仙芝领兵征讨，石国请求投降，高仙芝允诺和好。但是不久，高仙芝便违背承诺，攻占并血洗了石国城池，俘虏了石国国王，并献于阙下斩首。侥幸逃脱的石国王子向阿拔斯王朝求救。高仙芝得到消息后，决定采取先发制人之策，主动进攻大食。

当时，鉴于唐帝国在西域所产生的影响，许多葛逻禄及拔汗那国的军卒都参加了大唐的军队，组成的大唐联军有3万多人，其中唐兵占三分之二。高仙芝率领大唐联军长途奔袭，深入700余里，最后在怛罗斯与大食军队遭遇。

据史料记载，战役共持续了5日。初期，唐王朝的精锐步兵占据上风，但由于双方兵力悬殊，战争变成僵局。其间，大唐联军的葛逻禄部见势不妙，倒向大食，唐军步兵因此与唐军主力失去联络。阿拔斯王朝联军乘唐军内部发生暂时混乱的机会，出动重骑兵主力对唐朝步兵猛攻。高仙芝受到大食与葛逻禄部两面夹击，无力支撑，最终溃不成军。高仙芝、副将李嗣业和别将段秀实收拢残部向安西逃遁。

这一战役以大食军完胜长途奔袭问罪的大唐联军为结局，唐朝3万余士卒近乎全军覆没，只有少数得以逃脱。

《通典》

《通典》是我国第一部，也是成就最高的一部典章制度专史。它的作者是唐朝中期的政治家杜佑。

《通典》全书共分200卷，分为食货、选举、职官、礼、乐、兵、刑、州郡、边防等八门，其结构形式具有严密的内在逻辑联系。杜佑在《通典·自序》中，对此作了明确的说明：

"夫理道之先，在乎行教化，教化之本，在乎足衣食。……夫行教化在乎设职官，设职官在乎审官才，审官才在乎精选举。制礼以端其俗，立乐以和其心，此皆先哲王致治之大方也。故职官设然后兴礼乐焉，教化隳然后用刑罚焉，列州郡俾分领焉，置边防遏戎狄焉。是以食货为之首，选举次之，职官又次之，礼又次之，乐又次之，刑又次之，州郡又次之，边防末之。"

这个逻辑的构成，也体现了杜佑对封建制度的全盘理解。

在《通典》的每一个门目之中，杜佑又细分为子目，每事以类相从。他叙述了各种制度及史事，大体按照年代顺序，原原本本地详细介绍。在有关事目之下，还引录前人的有关评论，或者写下自己对这一问题的看法，这种评述结合的写作方法提高了《通典》的学术与经世致用价值。从总体来看，全书编排得整齐有序，条理井然，眉目清楚，便于读者阅读、查考。

郑文肃调研破谣言

郑文肃（生卒年不详），号天休。宋朝仁宗时期人。为官清廉，深得百姓喜爱，与宋朝文学家欧阳修、宋祁等人交好。

宋朝仁宗时期，有一个清官名叫郑文肃。由于他清正廉明，办事利落，很得皇上欢心，经常委他以重任。

当时，漕运秩序混乱，派系斗争不断，人心不稳，朝廷认为应该派一位得力的官员管理漕运。于是，仁宗皇帝便任命郑文肃为漕运长官，让他来整顿混乱的漕运。

郑文肃接受使命，自感责任重大。他独自一人先来到河边，微服私访，准备对周围的环境进行细致的观察。只见运河里清波荡漾，船桅林立，漕运十分繁忙。他沉思了片刻，便信步朝"湖北漕"衙门走去。

听说来了个新官，人们早就议论纷纷了。一路上，郑文肃看见人们三人一堆、五人一伙地谈论着什么，心想这是个好机会，于是哪里人多就挤到哪里去听情况。人们议论最多的就是传闻官仓里的粮食发霉都不能吃了，将面临粮食的危机。驻在荆南一带的军队正吵吵闹闹，搞得人心惶惶。个别滋事的人还添油加醋，挑起事端，眼看要弄出大乱子来了，大家都希望这个新来的官能有个明确的态度。

郑文肃了解一些情况后，认为要治理好漕运，首先要解决荆南军队的事，而这件事的关键是要解决粮食问题。他就想：听说粮食发霉了，是真是假呢？看来还得亲自去调查一番才行。他打定主意，便一个人悄悄地从府衙的后门出来。他先到几个大谷仓，只见谷仓遮盖得很严实，掏出一把小米来看看，没什么异样；闻闻，没什么异味；咬咬，也不潮不霉，他的心放下了一大半。为了彻底了解情况，他又转了附近的一些小谷仓，心里更有数了。郑文肃慢慢地往回走，反复考虑着处理这件事的对策，很快，一个计划在他脑子里形成了。

回去后，郑文肃给地方上的大小官吏、达官显贵下发请柬，意思是自己已经上任几天了，却和大家不太熟识，请各位来参加自己举办的宴会，目的是联络感情，沟通信息。

这些被请来的地方官吏、军队将领都十分高兴，感到郑文肃这个人通情达理，平易近人，所以吃喝都很尽兴。一时间推杯换盏，好一派热闹的景象。

郑文肃见大家喝得差不多了，便吩咐人端上饭菜，只见那米饭粒粒饱满，洁白晶莹，如堆积的碎玉，很是诱人，众人你一碗我一碗吃得香喷喷的。

郑文肃一看时机到了，便微笑着站起身来，咳嗽几声，大声说道："各位今天喝得怎么样啊？"

大家齐声喊："好！"

"那么吃得又怎么样？"

"香！"官员们望着桌子上的空碗，又异口同声地喊了起来。

"香？是吗？"郑文肃的脸色立刻严肃起来，然后加重了语气，

"这饭就是用官仓里不能下咽的'烂粮食'做的,你们怎么能吃得这么香呢?"

在座的各位你看看我,我看看你,一句话也说不出来。

郑文肃又接着说:"造谣的人固然可恶,可是信谣、传谣的人难道就没有责任吗?你们把不经调查得来的情况当真,用错误的信息引导他人,扰乱了漕运的秩序,这应该吗?"

见众人都面露羞愧之色,郑文肃便不再说什么,宴会随即结束了。

谣言就这样不攻自破了。后来,郑文肃查出制造谣言的是私盗官粮的人,这些人怕自己的罪行败露,故意造谣挑动军队闹事,以掩饰自己的罪责。后来,这些造谣的人都得到了惩罚,从此,漕运又恢复了正常。

□故事感悟

揭穿谣言最好的方法就是亲自去调查,弄清真相。郑文肃做到了这一点。刚刚上任就听到谣言,他没有盲目相信,而是亲自去考察探访,用自己亲眼看到的现实让谣言不攻自破。为官者就应该具备习惯亲身实践的素质,不能人云亦云,以讹传讹。

□史海撷英

漕 运

漕运是中国历代封建王朝将征自田赋的部分粮食运往京师或其他指定地点的运输方式。

在封建时代,运送粮食的目的主要是供宫廷消费、百官俸禄、军饷支付和民食调剂等,这种粮食被称为漕粮。漕粮的运输就被称为漕运,方式有河运、水陆递运和海运三种。狭义的漕运仅是指通过运河并沟通天然河道转运漕粮的河运而言。

漕运的起源很早。秦朝时期，秦始皇北征匈奴，曾经从山东沿海一带运送军粮抵达北河（今内蒙古乌加河一带）。汉朝建都长安（今陕西西安）后，每年都要将黄河流域所征粮食运往关中。隋朝初年，除了自东向西调运粮食外，还从长江流域转漕北上。隋炀帝曾动员大量人力开凿通济渠，联结河、淮、江三大水系，形成了沟通南北的新漕运通道，奠定了后世大运河的基础。

唐、宋、元、明、清历代也都十分重视漕运，为此，各个朝代都注意疏通南粮北调所需的运输网道，建立了漕运仓储制度。清咸丰五年（1855年），黄河改道，运河浅梗，河运日益困难。而且随着商品经济的发展，漕运已非必需，光绪二十七年（1901年），清政府遂令停止漕运。

历代漕运既保证了京师和北方军民所需粮食，又有利于国家的统一，并因运粮兼带商货，还有利于沟通南北经济和商品流通。但是，它同时又是百姓的一项沉重负担，因为运输代价过高，尤其以漕运徭役征发民众，服役时间往往很长，以致失误农时，所以也存在许多的弊端。

■文苑拾萃

送郑天休

（宋）宋祁

春筠蒸遍擿锋摧，剡奏飘然别上台。
授简客惊枚乘去，探书人继史公来。
爆桐度曲离筵惨，樵的分风使棹催。
千万禊滨传善序，永和三月有流盃。

赠太尉郑文肃公挽词二首其一

（宋）王珪

一擐黄金甲，征西战马骄。
十年边算尽，今日旅魂招。
落月孤营掩，酸风去路遥。
平生忠烈在，史笔冠清朝。

农学家王祯著《农书》

王祯(1271—1368),字伯善。元代东平(今山东东平)人。中国古代农学家、农业机械学家。元贞元年(1295年)至大德四年(1300年)曾任宣州旌德(今安徽旌德)及信州永丰(今江西广丰)县令。王祯在大德二年(1298年)制造3万余木活字,排印《旌德县志》100部。大约在元成宗大德四年(1300年)著成《王祯农书》或《农书》。

元成宗元贞元年(1295年),王祯任宣州旌德县(今安徽旌德)县尹(县官),任职为6年,后于元成宗大德四年(1300年)调任信州永丰县(今江西广丰)县尹。

在县尹任内,王祯为百姓办过不少好事。《旌德县志》中有记载说,王祯在县尹任内,一直过着极为俭朴的生活,从未搜刮过民财。不仅如此,他还捐出自己的部分薪俸,办学校、建坛庙、修桥梁,兴办了不少造福于民的公共事业。此外,他还兼施医药,救济穷苦有病的百姓,因此深受当地人民的称赞。

王祯还是劝农兴桑、积极发展农业生产的农学家。他认为,作为地方官，倘若不熟悉农业生产，不懂得农业知识，就难以尽到劝导农桑的责任。为此，他不仅搜罗了以前的历代农书，孜孜研读，还经常注意观察各地的农事操作和农业机具，从而为后期撰写农书奠定了坚实基础。

王祯是我国古代著名的四大农学家之一，同汉代的氾胜之、后魏的贾思勰和明代的徐光启齐名。王祯所著的《王祯农书》，在中国农学史上占有极其重要的地位。他既继承了前人在农学研究上所取得的成果，总结了元朝以前农业生产实践的丰富经验，又全面系统地解释了广义上的农业生产所包括的内容和范围等。

王祯在贯彻"时宜"和"地宜"的原则方面，也有许多新的创造。为了在农业生产中贯彻"时宜"原则，他创制了"授时指掌活法之图"，对历法和授时问题作了简明总结。同时，王祯还指出：首先，要不依历书所载月份，而用节气定月，这样就可以正确代表季节性变化；其次，图中所列各月农事只适用于一个地区，其他地区应当按照纬度和其他因素来变更。如果各地都能斟酌当地的具体情况制订这样一个农事月历，对在农业生产中贯彻"时宜"原则将会有重要帮助。

为了在农业生产中贯彻"地宜"原则，王祯创制了一幅《全国农业情况图》。这幅图是根据全国各地的风土和农产知识绘制的，它能帮助人们辨别各地不同的土壤，以便遵循"地宜"原则，实行因土种植和因土施肥。

王祯对自后魏以来我国南北精耕细作的优良传统经验进行了新的总结。

第一，在北方旱地耕作中强调深耕细耙。

王祯认为，只有"深耕易耨"，才能"岁可常稔"。他不仅认为"犁深为功"，而且强调"耙熟为全功"，又说："耙劳之功不至，而望禾稼之秀茂实粟难矣。"他还总结了先浅耕灭茬,然后再细耕多耙的新经验。

第二,对北方旱地和南方水田的耕作体系作了新的概括。

王祯把北方旱地的耕作体系概括为"耕、耙、劳"。所谓"其耕种陆地者,犁而耙之,欲其土细,再犁再耙,后用劳,乃无遗功也",所谓"犁耕既毕,则有耙劳,耙有渠疏之义,劳有盖磨之功"等,都是对北方旱地翻耕法耕作体系的概括。与此同时,王祯对南方水田的耕作体系概括为"耕、耙、耖",即所谓"南方水田,转毕则耙,耙毕则耖,故不用劳"。

第三,总结了北方旱地实行套耕的新经验。

王祯提出:"所耕地内,先并耕两犁,墢皆内向,合为一垅,谓之浮䴠,自浮䴠为始,向外缴耕,终此一段,谓之一缴,一缴之外,又间作一缴,耕毕,于三缴之间,歇下一缴,却自外缴耕至中心,作一墒,盖三缴中成一墒也。其余欲耕平原,率皆仿此。"这是王祯对北方旱地采取内外套翻法,减少开闭垄,提高耕作质量这一新经验的总结,从而将北方旱地的耕作水平推向了一个新的阶段。

第四,总结了南方稻田旱作"开䴠作沟"的新经验。

南方素有"水乡泽国"之称,因此,南方稻田在收稻之后复种旱作时,"最忌水湿",这是实行稻麦两熟的一大障碍。经过长期探索,大约在元代,人们才创始了"开䴠作沟"、整地排水的经验。王祯在他的《农书》中首先总结了这个经验:"高田早熟,八燥耕而熯之,以种二麦。其法:起坡为䴠,两䴠之间,自成一畎,一段耕毕,以锄横截其䴠,泄利其水,谓之腰沟,二麦既收,然后平沟畎,蓄水深耕,俗谓之再熟田也。"这一经验总结,为南方稻田实行稻麦两熟、夺取稻麦双丰收做出了重要贡献,至今仍然是南方稻区夺取二熟高产的关键措施之一。

第五,强调"秋耕为主,春耕为辅"的原则。

北方旱地有春旱多风、夏秋多雨的气候特点，为了适应这个气候特点，以便保墒防旱，王祯引用《韩氏直说》中总结的经验："凡地除种麦外，并宜秋耕。秋耕之地，荒草自少，极省锄功，如牛力不及，不能尽秋耕者，除种粟地外，其余黍豆等地，春耕亦可。"从而提出了秋耕为主、春耕为辅的原则。

第六，开辟"粪壤"和"灌溉"专篇，将增肥和灌水摆上农业增产的重要地位。

王祯博学多识，才华横溢，不仅是一位出色的农学家，而且是一位精巧的机械设计制造家和印刷技术革新家，还是一位诗人。王祯在机械设计上颇有造诣，设计和绘制了大量比较复杂的农业机具图，并对一些早已失传的机械多方征求意见、研究原理，使其复原，有的还进行了改造。如东汉时南阳太守杜诗发明炼铁用的"水排"鼓风技术，到元代时已经失传，王祯经过长期反复研究，终于搞清了"水排"的构造原理，并绘制成图，载入"农器图谱"中。在复原过程中，他还把原来用皮囊鼓风改为类似风箱的木扇鼓风，这既节省了费用，减轻了劳动强度，又提高了冶炼技术。这项复制和改革在我国古代冶铁史上有着重大意义。

同时，王祯在印刷技术上的革新，对我国乃至世界文化的发展也做出了可贵的贡献。

■ 故事感悟

中国自古至今一直都是一个农业大国，历代统治者也都十分重视农业发展，所以说农业技术、种植经验、农具改进等在中国都显得十分重要。王祯能够总结经验，亲自调查研究，把我国南北两地的农业状况进行比较，在实践中创新了很多农业理论、种植技术以及改进了农具，为我国农业的发展做出了巨大的贡献。

■史海撷英

王祯为民办事

王祯任职期间，恪尽职守，公正无私，勤勉务实，为民办事。他在旌德县尹任内，为百姓办过许多好事，时人对他也是颇有好评，称赞他"惠民有为"。

旌德县多山，耕地大部分是山地。有一年，县里遭遇旱灾，眼看禾苗都要旱死了，农民都心急如焚。王祯看到旌德县许多河流溪涧有水，就想起从家乡东平来旌德县的时候，在路上看到一种水转翻车，可以把水提灌到山地里。于是，王祯开动脑筋，画出图样，又召集木工、铁匠赶制水转翻车，组织农民抗旱。就这样，水转翻车使旌德县几万亩山地的禾苗得以获救。

■文苑拾萃

《王祯农书》

《王祯农书》完成于1313年，是由元代著名农学家王祯所著。

全书正文共分37集，371目，约13万字，分为《农桑通诀》《百谷谱》和《农器图谱》三大部分，最后所附的《杂录》还包括了两篇与农业生产关系不大的"法制长生屋"和"造活字印书法"。

《王祯农书》在前人著作的基础上，第一次对所谓的广义农业生产知识作了较全面系统的论述，提出中国农学的传统体系。《吕氏春秋·上农》等四篇，只是保存先秦时期有关农业的政策、用地、整地和掌握农时的四篇农学论文。汉代的《氾胜之书》只残存了3000余字，

不能见其全貌。现存最早、最完整的综合性整体农书，只有成书于6世纪的《齐民要术》。

与《王祯农书》相比较，《齐民要术》的内容虽然包括了粮食作物、蔬菜和果树栽培、畜牧、兽医、农产品加工以及烹饪等，最后还附有非中国产的一些栽培植物，范围可谓十分广泛，但是，其中占很大篇幅的烹饪内容显然是不属于农业生产范围的。而《王祯农书》则明确地表明了广义农业包括粮食作物、蚕桑、畜牧、园艺、林业、渔业等。

航海家汪大渊作《岛夷志略》

汪大渊（1311—？），字焕章，南昌人。元朝时期的民间航海家。至顺元年（1330年），年仅20岁的汪大渊首次从泉州搭乘商船出海远航，前后历时5年。至元三年（1337年），汪大渊再次从泉州出航，至元五年（1339年）返回泉州。西方学者称他为"东方的马可·波罗"。

汪大渊从小便聪明好学，深得父母宠爱，望其长大成才，因此其字取自《论语》中的"焕章"。汪大渊自幼怀有大志，想要效法司马迁"读万卷书，行万里路"，游历祖国名山大川，考察风俗，记载物产。后来，汪大渊果然不负所望，成为一位举世闻名的航海家。

汪大渊先是游历了当时中国南方最大的商港，也是世界最大商港之一的泉州。在那里，他看到了各种肤色和操着各种语言的人们摩肩接踵，看到琳琅满目的中西商货堆积如山，港湾里停泊着来自世界各地的各种各样的大小船只。特别是那些中外商人、水手所讲的外国风情，是那样生动、有趣。这一切都深深地吸引了汪大渊，后来也促成了他两度远洋航行的壮举。

当时，泉州是我国海上丝绸之路的起点，因此这里的中外商人很多，航海业也十分发达。汪大渊自小耳濡目染，深受当时西方海洋文明的影响，对海上航行产生了浓厚的兴趣，总是向往着到海上去考察体验。

然而，民间自发的航海活动，其资金、物资和人力准备之艰难都是可想而知的。在汪大渊之前，可能也有许多人做过远航的梦，但都没有能力组织船队。但汪大渊做到了，他自己筹备资金和航海工具，进行了两次伟大的航海探险，还整理出了自己的航海笔记——《岛夷志略》。这在当时是非常了不起的，有些方面就连后来的哥伦布也无法比拟。

元文宗至顺元年（1330年），年仅20岁的汪大渊搭上一艘泉州的远洋商船从泉州港出海了。这一走，直到元统二年（1334年）夏秋间才返回泉州。

这次航行是从泉州出发，经海南岛、占城、马六甲、爪哇、苏门答腊、缅甸、印度、波斯、阿拉伯、埃及，横渡地中海到西北非洲的摩洛哥，再回到埃及，出红海到索马里，折向南直到莫桑比克，再横渡印度洋回到斯里兰卡、苏门答腊、爪哇，再到澳洲，从澳洲到加里曼丹岛，又经菲律宾群岛，最后返回泉州。

元惠宗至元三年（1337年），汪大渊第二次从泉州出航，游历了南洋群岛和印度洋西面的阿拉伯海、波斯湾、红海、地中海、莫桑比克海峡及澳洲各地，两年后返回了泉州。

汪大渊回到泉州后，便将自己出海的见闻写成了《岛夷志略》，流传于世，甚至成为后来郑和航海的重要参考资料。他的航海比郑和早了175年，比哥伦布早了262年！最重要的是，汪大渊的航海行为并不是"政府行为"，而是完全自发地探索海洋奥秘的壮举。

据吴鉴在《岛夷志·序》中介绍说："豫章汪君焕章，少负奇气，为司马子长之游，足迹几半天下矣。顾以海外之风土，国史未尽其蕴，因附舶以浮于海者数年，然后归。其目所及，皆为书以记之。校之五年旧志，大有迳庭矣。"

汪大渊自己在《岛夷志后序》中也说："大渊少年尝附舶以浮于海，所过之地，窃尝赋诗以记其山川、土俗、风景、物产之诡异，与夫可怪、可愕、可鄙、可笑之事，皆身所游览，耳目所亲见。传说之事，则不载焉。"

张翥在《序》里说："汪君焕章当冠年，尝两附舶东西洋，所过辄采录其山川、风土、物产之诡异，居室、饮食、衣服之好尚，与夫贸易赍用之所宜。非亲见不书，则信乎其可征也。"

可见，汪大渊在当时是一位著名的大游历家，曾两次随中国商船到东洋（即南洋）、西洋（即印度洋）。《岛夷志略》前99条中有关各地的山川、风土、物产、居民、饮食、衣服和贸易的情况，都是他当时根据自己的亲身见闻记录下来的，因而是真实可靠的。

归来之后，汪大渊又以5年的时间校对前人的记载，发现其中许多与自己的见闻"大有径庭"的地方。该书初稿大概也是在这5年内完成的。《岛夷志略》最后成书是在"至正己丑冬"，即元顺帝至正九年（1349年）冬天。

《岛夷志略》上承南宋周去非的《岭外代答》和赵汝适的《诸蕃志》，下启明初马欢的《瀛涯胜览》、费信的《星槎胜览》等书。但《岭外代答》，特别是《诸蕃志》等，主要是作者汪大渊的耳闻，并非亲历，因此其中也不可避免地存在着一些错误。《四库全书总目》在评价中指出："诸史外国列传秉笔之人，皆未尝身历其地。即赵汝适《诸蕃志》之类，亦多得于市舶之口传。大渊此书，则皆亲历而手记之，究非空谈无征者比。"

马欢后来所著的《瀛涯胜览》，也是受到了汪大渊的启发。他在自序中说："余昔观《岛夷志》，载天时气候之别，地理人物之异，慨然叹曰：普天下何若是之不同耶？……余以通译番书，亦被使末，随其所至，鲸波浩渺，不知其几千、万里。历涉诸邦，其天时、气候、地理、人物，目击而身履之；然后知《岛夷志》所著者不诬。……于是采摭各国人物之丑美，壤俗之异同，与夫土产之别，疆域之制，编次成帙。"

□故事感悟

古人有"立德、立功、立言"三不朽，要想做到这三点，重行是根本途径。尤其是对于"立言"者来说，要想著书立说并流传后世，就要去实践、去探索。汪大渊自幼信奉"读万卷书，行万里路"的求知精神，自己一人两次航海，归来后认真写作，最终完成巨著《岛夷志略》，使之成为后来郑和下西洋时重要的参考资料。汪大渊也因此成为历史上德、功、言三不朽的人物。

□史海撷英

海上丝绸之路

海上丝绸之路是古代的中国与外国进行交通贸易和文化交往的海上通道，起点是福建省的泉州。

海上丝绸之路形成于秦汉时期，发展于三国至隋朝时期，繁荣于唐宋时期，转变于明清时期，是已知的最为古老的海上航线。在陆上丝绸之路开通之前，便已有了海上丝绸之路，主要包括东海起航线和南海起航线。

海上丝绸之路也是古代海道交通的大动脉。自汉代开始，中国与马来半岛便已有了接触。尤其是唐代之后，彼此间的来往更加密切。作为往来的途径，最方便的当然是航海。而中西贸易也利用此航道进行交易，这就是我们现在所说的海上丝绸之路。

海上通道在隋唐时期运送的大宗货物主要是丝绸，因此大家都将这条连接东西方的海道称为海上丝绸之路。到了宋元时期，瓷器的出口渐渐成为主要货物，因此，人们又把这条航道称为"海上陶瓷之路"。同时，又由于输入的商品历来主要是香料，因此也将其称作"海上香料之路"。

■ 文苑拾萃

《岛夷志略》

《岛夷志略》记述了澎湖、琉球、三岛、麻逸、无枝拔、龙涎屿、交趾、占城、民多郎、宾童龙、真腊、丹马令、日丽、麻里鲁、遐来忽、彭坑、吉兰丹、丁家卢、戎、罗卫、罗斛、东冲古剌、苏洛鬲、针路、八都马、淡邈、尖山、八节那间、三佛齐、啸喷、浡泥、明家罗、暹、爪哇、重迦罗、都督岸、文诞、苏禄、龙牙犀角、苏门傍、旧港、龙牙菩提、毗舍耶、班卒、蒲奔、假里马打、文老古、古里地闷、龙牙门、东西竺、急水湾、花面、淡洋、须文答剌、僧加剌、勾栏山、特番里、班达里、曼佗郎、喃诬哩、北溜、下里、高郎步、沙里八丹、金塔、东淡邈、大八丹、加里那、土塔、第三港、华罗、麻那里、加将门里、波斯离、挞吉那、千里马、大佛山、须文那、万里石塘、小唄喃、古里佛、朋加剌、巴南巴西、放拜、大乌爹、万年港、马八儿屿、阿里思、哩伽塔、天堂、天竺、层摇罗、马鲁涧、甘埋里、麻呵斯离、罗婆斯、乌爹等地，共100篇206个地区，对明代的地理类书籍影响很大。

李时珍探访实践著《本草纲目》

李时珍（1518—1593），字东璧，晚年自号濒湖山人。湖北蕲州（今湖北省黄冈市蕲春县蕲州镇）人，汉族。中国古代伟大的医学家、药物学家。

李时珍的家族世代为医，祖父是"铃医"，父亲李言闻也是当地名医。那时，民间医生地位很低，李家常受官绅的欺侮，因此，父亲决定让二儿子李时珍读书应考，以便一朝功成，出人头地。李时珍自小体弱多病，然而性格刚直纯真，对空洞乏味的八股文不屑于学。自14岁中了秀才后的9年中，其三次到武昌考举人均名落孙山。于是，他放弃了科举做官的打算，专心学医，向父亲求说并表明决心："身如逆流船，心比铁石坚。望父全儿志，至死不怕难。"父亲在事实面前终于醒悟了，同意了儿子的请求，并精心教导他。没过几年，李时珍果然成了一名很有名望的医生。

在父亲的启示下，李时珍认识到，"读万卷书"固然重要，但更要"行万里路"。于是，他既"搜罗百氏"，又"采访四方"，深入实际进行调查。李时珍穿上草鞋，背起药筐，在徒弟庞宪和儿子建元的伴随下，远涉深山旷野，遍访名医宿儒，搜求民间验方，观察和收集药物标本。

李时珍首先在家乡蕲州一带调查，后来还多次出外采访。除湖广外，他还到过江西、江苏、安徽等地。盛产药材的江西庐山和南京的摄山、茅山、牛首山上都遍布他的足迹。

李时珍每到一地，都会虚心地向当地各式各样的人物请教，其中有采药的，有种田的、捕鱼的、砍柴的、打猎的，都热情地帮助他了解各种各样的药物。比如芸苔，是治病常用的一种药材，但究竟是什么样的，《神农本草经》中却没有说明白，各家注释也不尽相同。有一次，李时珍问了一位种菜的老人，在老人的指点下，李时珍又查了实物，才知道芸薹实际上就是油菜。这种植物头一年下种，第二年开花，种子可以榨油。于是，这种药物便在他的《本草纲目》中一清二楚地做出了解释。

有一次，李时珍在采药时找到了曼陀罗。按照当地山民的说法，他用曼陀罗泡了酒。过了几天，李时珍决定亲口尝一尝，亲身体验一下曼陀罗的功效。他先抿了一小口，感觉味道很香；又抿了一口，舌头以至整个口腔都发麻了；再抿一口，人便开始昏昏沉沉了，不一会儿竟发出阵阵傻笑，手脚也不停地舞动着；最后，他失去了知觉，摔倒在地。

周围人见状，都吓坏了，赶紧给李时珍灌了解毒的药。过了好半天，李时珍才清醒过来，大家这才松了口气。

醒来后的李时珍兴奋极了，连忙记下了曼陀罗的产地、形状、习性、生长期，并写下了如何泡酒以及制成药后的作用、服法、功效、反应过程等。

有人埋怨李时珍太冒险了，他却笑着说："不尝尝，怎么断定它的功效呢？再说，总不能拿病人去做实验吧！"听了他的话，大家更敬佩李时珍了。

就这样，又一种可以作为临床麻醉的药物问世了。

当时，武当山五龙宫产的"榔梅"，被道士们说成是吃了"可以长生不老的仙果"。他们每年都采摘一些进贡给皇帝，官府还严禁其他人采摘。李时珍不信道士们的说法，就想亲自采来试试，看看它究竟有什么功效。

于是，他不顾道士们的反对，竟冒险采了一个。经研究，李时珍发现这种"长生不老的仙果"的功效跟普通的桃子、杏子一样，只是能生津止渴而已，是一种变了形的榆树的果实，并没有什么特殊的功效。

鲮鲤，即今天说的穿山甲，是过去一种比较常用的中药。陶弘景说它能水陆两栖，白天爬上岸来，张开鳞甲，装出死了的样子，引诱蚂蚁进入甲内，再闭上鳞甲，潜入水中，然后开甲让蚂蚁浮出，再吞食。为了弄清陶弘景的说法是否正确，李时珍亲自上山，在樵夫、猎人的帮助下捉到了一只穿山甲，从它的胃里剖出了一升左右的蚂蚁，证实穿山甲是食蚁动物这点，陶弘景是说对了。

不过，从观察中，李时珍也发现，穿山甲在食蚁时是扒开蚁穴进行舐食，而不是诱蚁入甲，下水吞食。李时珍肯定了陶弘景对的一面，也纠正了其错误之处。

就这样，李时珍经过长期的实地调查，搞清了许多药物的疑难问题，并于万历戊寅年（1578年）完成了《本草纲目》的编写工作。

全书约有200万字，52卷，载药1892种，新增药物374种，载方一万多个，附图1000多幅，成为我国药物学的空前巨著。李时珍在其中纠正前人错误甚多，在动植物分类学等许多方面有突出成就，并对其他有关的学科（生物学、化学、矿物学、地质学、天文学等）也做出了贡献，达尔文称赞这部书是"中国古代的百科全书"。

李时珍从小就懂得做学问不仅要"搜罗百式",更要"遍访四方",故而他踏遍千山万水寻药访医,像神农那样口尝百草,以身试药,一个个草药的品性被他如实地记录下来,一种种药物的图样被他精心地描绘出来,一部旷世医典的问世更是享誉全球。当后人一页页翻开《本草纲目》时,呈现在眼前的不仅是各种各样的药草,还有李时珍辛苦求知的足迹。

李时珍纠正错药

李时珍20岁那年,蕲州地区发生了一场严重的水灾,蕲河两岸的千顷良田顿时化为一片汪洋。乡亲们流离失所,到处都是一片哭声。洪水刚过,瘟疫便开始蔓延,病魔无情地吞噬着一个个无辜的生命。李时珍目睹惨景,心如刀绞,与父亲一起救治病人,挽救了无数人的生命。

这一天,李时珍正在诊病,突然一群人吵吵嚷嚷地拉着一个江湖郎中涌进了诊所。为首的年轻人愤愤地说:"李大夫,你给评评理!我爹吃了他给开的药,病没见好,反倒重了。我去找他算账,他硬说药方没错。我们信得过你,你给看看。"

说着,年轻人就把给父亲煎药的药罐递了过来:"喏,这就是药渣。"

李时珍抓起药渣,仔细闻了一遍,又放在嘴里嚼嚼,自言自语道:"这是虎掌啊!"

那江湖郎中一听"虎掌",慌忙分辩说:"我绝对没开过这味药!"

"那肯定是药铺弄错了!"年轻人说着,就要往门外冲。李时珍忙拉住他,说道:"别去了,这是古医书上的错误。以《日华本草》的记载来说,就是把漏篮子和虎掌混为一谈了。"

"对对，我开的就是漏篮子！"江湖郎中急急地插了一句。

"是啊，药铺有医书为据，打官司也没用。"众人慨叹了一阵，只得把江湖郎中给放了。

不久，又有一位医生为一名精神病人开药，用了一味名叫防葵的药，病人服药后很快就死了。还有一个身体虚弱的人，吃了医生开的一味叫黄精的补药，也莫名其妙地送了性命。

原来，几种古药书上都把防葵和狼毒、黄精和钩吻说成是同一种药物，而狼毒、钩吻毒性都很大，人吃了也容易中毒身亡。这一桩桩、一件件药物伤人的事，在李时珍心中激起了巨大的波澜。李时珍觉得，如果不能及早订正，医药界以它们为凭，轻者会耽误治病，重者就要害人性命啊！

动植物学家屠本畯

屠本畯（生卒年不详），字田叔，号豳叟。浙江鄞县（今宁波）人。主要生活于明万历年间（1573—1620）。海洋动物学家、植物学家。

屠本畯出身于一个书香门第的家庭，曾在父亲的照顾下担任太常寺典簿、礼部郎中、两淮运司同知，后移福建任盐运司同知。他鄙视名利，廉洁自持，十分爱好读书，到老都手不释卷，说："吾于书，饥以当食，渴以当饮，欠伸以当枕席，愁寂以当鼓吹，未尝苦也。"他性格豪爽，朋友众多，八十几岁时在酒席上还能放声高歌，声音洪亮，足见其倜傥风流。在没有去世的时候，他就给自己写好了墓表，在表中以"憨先生"自称，幽默又旷达。

明朝中叶后期，商品经济发展迅速，资本主义萌芽逐渐产生，一些读书人便开始深入实际考察研究，在科学技术方面取得了很大成就，屠本畯就是其中的佼佼者。他所著的《闽中海错疏》《海味索引》《野菜笺》《〈考工记〉图解》《〈离骚〉草木疏补》《闽中荔枝通谱》等书，内容广泛，涉及植物、动物、园艺等诸多方面。

《闽中海错疏》是屠本畯在福建时应太常少卿余寅之请撰写的，成书于明万历二十四年，主要记载了福建沿海一带的海洋动物200余种，是中国较早的海洋动物志。屠本畯观察仔细，描述准确，而且把性状相近的种类都归纳在一起，在大类中再分出小类，这种分类方法在一定程度上揭示了海洋生物的自然类群，也反映了它们之间的亲缘关系。可见，在16世纪，中国的生物学家在自然分类方向上已经卓有成就了。而在当时的欧洲，是按拉丁字母顺序排列或按药用的性质和用途来分类的。

　　《闽中海错疏》中还反映了许多明代淡水养鱼的概况，如记载食肉性的鳢鱼（即乌鱼）时说："凡鳢一尾，入人家池塘，食小鱼殆尽，人每恶而逐之。"指出在池塘放养鱼前必须清除池塘中的鳢鱼。

　　另外，书中还介绍了福建地区饲养草鱼和鲢鱼的方法：农历二月从鱼苗养起，先到小池，稍长后移另外一个池塘，到一尺左右再移到广池，用青草喂养，九月起水。随着鱼的成长而更换鱼池，当年即可从鱼苗养成大鱼，这些经验对现在的养鱼人仍然有参考价值。

　　对于贝类动物泥螺，屠本畯也作了描述："秋月取者，肉硬膏少，味不及春。"认为泥螺是每年的7—9月产卵，秋后所采是产过卵的个体，所以肉硬膏少，味不及春。当年孵出的螺个体小，肉眼不易看见，第二年春季长到谷粒大小，到5—6月开始繁殖。从屠本畯对泥螺自然繁殖的描述来看，反映了他对泥螺的生态习性已有清晰的认识。

　　另外，书中对某些海产动物的内部器官也有叙述，如指出"章鱼腹内有黄褐色质（肝脏），有卵黄，有黑如乌鲗墨（墨囊），有白粒（卵）如大麦"。以上这些都说明，在16世纪时，中国人对海洋动物的观察和认识已达到了较高的水平。

在《野菜笺》中，屠本畯记载了许多宁波的野生植物，而且文章是用小品文的形式写的，简洁生动，说百合"似莲有根如蒜"，说"甬芋青青田芋软，田家借作凶年饭"，可见不光从野菜角度写这本书，还是从悲悯的态度出发，体现了对百姓的怜悯之心，因为野菜多半是饥荒年老百姓用来充饥的食物。又说"四明有菜名雪里蕻，头昔蓄珍莫比雪深，诸菜冻欲死，此菜青青蕻尤美"，可见，宁波人爱吃雪菜在明代时期就已经有行文出处了。

屠本畯在海洋动物学和植物学上能够取得前所未有的成就并不是偶然的，首先在于他重视调查研究，不以辑录古籍资料为主，因而他描述的动植物多数都能说明其形态、生活习性等，从而使读者可以比较容易地辨认出它们的种类。《四库全书提要》说他"辨别名类，一览了然，颇有益于多识"，这一评价十分公允。

其次，他还以亲自观察、调查为重点，取得直接的实物资料，所以能辨别前人对动植物认识上的谬误。《海味索引》一书就最有力地反映了这一点。

此外，屠本畯对前人的经验和知识也颇为尊重，在《闽中海错疏》等著作中，他引用了许多前人有关动植物知识的文献，但在吸取前人科学知识时，态度却一直都是审慎的。总之，屠本畯在中国乃至世界的生物学史上都占有重要的地位。

故事感悟

求知、做学问最怕的就是本本主义，尽信书不如无书。屠本畯在面对前人的知识和经验时，并没有盲目信从，而是亲自实践、调查、研究，最终获得了更加准确、全面的知识，并在纠正前人错误的基础上给后人留下了宝贵的资料。屠本畯研究范围涉及海洋动植物、园艺等方面，他的亲力亲为及对学问的严谨态度，也给后人树立了良好的榜样。

掌园主人屠本畯

在浙江省宁波市有一块掌园，纵横有36亩，可见一"掌"之地。掌园的主人就是屠本畯。

屠本畯在辰州做官期间，有明文禁止杀牛。一次，有一位姓唐的书生向屠本畯说，家里没钱，养了一头牛，不幸猝死，请老爷准许吃这头死牛糊口。屠本畯通过观察，发现这个书生是在撒谎，但却没有揭穿他，而是用自己的俸禄买下这头牛，准备埋葬了它。但牛牵来的时候并没有死，他就命小吏养起来。等到他任期满后，辰州的父老乡亲送他上路，那头牛也跟在后面送他，他就嘱托小吏把这头牛养到它终年。当时，有人画了一幅画，名叫《辰阳留犊图》，后来被传为佳话。

《闽中海错疏》

《闽中海错疏》是由明朝著名海洋学家屠本畯所著，约成书于万历二十四年（1596年）。

全书分为上、中、下三卷。上、中卷为鳞部，下卷为介部，共记载了福建省的海洋动物200多种（包括少数淡水种类）。其中除鱼类外，还包括腔肠动物、软体动物、节肢动物、两栖动物及哺乳动物等。

《闽中海错疏》中所描述的内容，包括动物的名称、形态、生活习性、地理分布和经济价值等，编排上将性状相近的种类归在一起，以反映它们间的亲缘关系。这也包含了现代生物分类中科、属概念的萌芽，在当时世界上是较为先进的。

第二篇
求真为实矢志不渝

法显矢志不渝求真谛

法显（生卒年不详），东晋司州平阳郡武阳（今山西临汾市）人，一说是并州上党郡襄垣（今山西襄垣县）人。他是中国佛教史上的一位名僧，一位卓越的佛教革新人物，是中国第一位到海外取经求法的大师，也是一位杰出的旅行家和翻译家。

法显出生之前，家中已有三个兄长，但都相继夭亡了。为了求得平安，法显3岁时，父母便让他做了小沙弥。到10岁时，法显大病一场，父母只好把他送到庙里去住。后来父母双亡，法显便毅然出家。

有一次，法显正与几十个沙弥在田中收稻子，有一伙饥民要来抢夺稻谷。其他的沙弥见状，都吓得逃跑了，只有法显独自一人留下。他对饥民说："你们需要稻谷，可以随意来取。你们过去从来不布施别人，才会有今天的贫穷与饥饿。现在又来抢夺别人的稻谷，来世会更加不堪，贫僧实在为你们担忧啊！"饥民们听后，都纷纷放下稻谷想走，法显还是让他们拿了一些。寺院里的僧人为此都叹服不已。

法显受具足戒后，志向行为更加明敏，礼法规矩更加整齐严肃。他常常慨叹经律残缺不全，发誓要去寻找经律。法显认为，只有取到真经，译成汉文，才能让众僧真正了解佛法大义。

东晋隆安三年（399年），法显与慧景、道整、慧应、慧嵬等人从长安出发，踏上了西行取经之路。第二年夏天，他们在张掖国（今甘肃张掖）与另一批西行僧人相遇，于是结伴西行，开始穿越流沙大漠。沙漠里既没有飞鸟又没有走兽，四顾茫茫，无法辨识方向，法显一行人只有看太阳来辨认方向，凭着路边死人的枯骨作路标。法显肩负着取经的使命，历经艰险困苦，走了17天，大约1500多里，到达鄯善国（今新疆若羌）。又几经周折，约在隆安五年（401年）初，才到达于阗国（今新疆和田）。

法显一行人在这里观看了行像盛会后，便南入葱岭。山上积雪常年不化，悬崖峭壁高耸入云，过去曾有人凿石通路，修凿了700多阶梯道，带来了不少便利。一路上翻山越岭，遇有大河，便抓着悬挂在河两岸的绳索横空而过。法显一路上遭遇险途数不胜数，所到之处就连汉代的张骞、甘英都不曾到达。

元兴二年（403年）初，法显等人在翻越小雪山时，遇上寒流风暴。慧景冻得浑身僵硬，打着寒战对法显说："我要死了，你们继续前进，不要都葬身于此。"说完就冻死了。

法显抚摸着慧景那冰凉的遗体，悲伤地哭泣道："还没到达目的地，你就先去了，这也是命啊！"随后法显继续前进，终于跨过了雪山。

快到天竺国时，天色已晚，法显便住在离王舍城30多里的一座佛寺里过夜。第二天一大早，法显就要上耆崛山，寺院的人都劝他说："山路崎岖，而且有很多黑狮子出没，你怎么能去呢？"

法显说："我不远万里前来，发誓要到耆崛山，经过多年的跋涉才来到这里，我怎么能放弃呢？"

众人不能劝止，只好派两个僧人去送他。法显爬上耆崛山时，天色已近黄昏。他想在山上过夜，两个僧人都害怕，就丢下法显跑回寺院去了。法显独自留在山中，烧香礼拜，凭吊圣迹。到夜里，突然窜出三只黑狮子，蹲在法显面前，舐唇摇尾。法显口宣佛号，诵经不停，对狮子说道："你若想害我，先等我诵完经；若是想考验我，还是赶快走吧。"过了很久，狮子才离去。

法显又来到中天竺，求得《摩竭僧祇律》《萨波多律抄》《杂阿毗昙心》等经，并在此停留了3年，学习梵文梵语，并亲自抄录经书。

后来，法显又带着佛经、佛像，跟随商客来到师子国。想起当初同来的十几个人，有的留在当地，有的去世了，如今只剩下他一个人，法显的悲伤之情油然而生。在玉佛像前，法显看见商人用汉地的白团绢扇供奉佛像，见到家乡出产的东西，不觉凄然泪下。

法显在印度游历了8年，得到百万余字的佛经。他还请天竺僧人口诵，自己一字字写成梵文，然后抄录下来。

409年，法显由印度加尔各答乘船到师子国（今斯里兰卡），准备乘海船返回中国。法显在此又停留了两年，得到《弥沙塞传》《长阿含》《杂阿含》以及《杂藏》各一部，这些经书都是汉地所没有的。

411年秋，法显终于搭上一艘从罗马返回中国的大商船。不料出海仅两天，便遇上了大风，海水灌进船舱，众人惶恐万状，忙将一些笨重的货物抛入海中。法显担心别人把他的佛经、佛像也投入海中，不断地念诵佛经，祈愿佛佑。船随风漂流，总算没沉没，又航行了许多天，才到达耶婆提国（印度尼西亚的爪哇）。法显受到耶婆提国人民的热情款待，在这里住了5个月，第二年春天，再次搭乘另一伙商人的船前往广州。

船行20多天后，一天夜里，突然遇到一场罕见的大风暴。船上的人很恐惧，众人商议说："就因为船上坐了一个和尚，才使我们遭此大难。"于是打算把法显推下海去。

法显的施主厉声呵斥那些商人："你们若要把和尚推下海，先把我推下去，不然就把我杀了。汉地帝王奉佛法、敬僧人，到了汉地，必定会治你们的罪。"商人们相视失色，只好作罢。当时船上已经是水尽粮竭，只好随风漂流。后来船终于漂到岸边，但不知是什么地方。他们登岸寻找人家，见到两位猎人，一打听，才知是中国青州长广郡牢山南岸（今山东青岛崂山）。

猎人回去后，就将此事告诉了太守李嶷。李嶷素来敬信佛法，忽然听说有个和尚从远方来，就亲自前去迎接。法显要南行到京城去，青州刺史请他留下，过了冬天再走。法显说："贫僧献身于佛教，志在弘扬佛法，目标还未达到，不能在此久留。"

法显来到京城后，就和外国禅师佛驮跋陀一起在道场寺译出《摩诃僧祇律》《方等泥洹经》《杂阿毗昙心》等书，约有100多万字。

法显立志西行求法，前后经历15年，游历30个国家，往返途中历尽艰险，并在70岁后学成梵语，译经书百万言。他不但是一位不畏艰险的出色僧人，还是中外文化交流的宗师。

□故事感悟

法显西行求法，路遇艰难险阻，但始终矢志不渝，用自己的行动实现了自己的愿望。他心甘情愿，无怨无悔，爬高山，过荒漠，游历15年，最终获得百万字的箴言，不仅实现了自己的梦想，还对中外文化交流做出了巨大贡献。

晋宋时期佛教的发展

佛教传入中国，到东晋法显生活的时代已经约有300年的历史了。当时流传的内容主要有两大体系：一类是以支谶、支谦为代表的大乘空宗般若学，另一类是以安世高为代表的小乘禅学。可以说，当时大乘和小乘都已经传进来了。

从时间先后来看，传法最盛的时代大体上有三个：支谦、竺法护时，所译多般若方等；道安时，所译多有部经论；鸠摩罗什时，大乘之学极为昌明。

一个外来的宗教，传入一个文化传统迥异的国家，不可避免地要发生一些冲撞，佛教也不例外。但是经过相当长时间的试探、伪装、适应，佛教逐渐为中国人所接受，最后达到了融合的阶段。到了东晋时期，应该说这个阶段已经达到了。

《法显传》

《法显传》又名《历游天竺记》《昔道人法显从长安行西至天竺传》《释法显行传》《历游天竺记传》《佛国记》等，共一卷，是由东晋时期的法显所撰写，成于义熙十二年（416年）。这部书也是研究中国与印度、巴基斯坦等国的交通和历史的重要史料。伴随着佛教而来的西域和印度文化，在语言、艺术、天文、医学等许多方面，对我国的文化都产生了积极影响。

《法显传》记叙了法显与同侣发迹长安，渡沙河（又称流沙，指敦煌

以西至今新疆若羌县之间的沙漠），逾葱岭（指喀喇昆仑山），历经艰辛而至北天竺，尔后周游西天竺、中天竺、东天竺，最后从海上返回的全部行程及其见闻。所记凡 32 国，依次为：乾归、耨檀（上二国在长安至敦煌之间，分别是北方十六国中的西秦和南凉）、鄯善、焉夷、于阗、子合、于麾、竭叉（上六国在敦煌至葱岭之间，在今新疆境内）、陀历、乌苌、宿呵多、犍陀卫、竺刹尸罗、弗楼沙、那竭、罗夷、跋那、毗荼（上十国是北天竺和西天竺诸国，分别位于今克什米尔西北部、巴基斯坦北部、阿富汗东部和印度北部一带）、摩头罗、僧伽施、沙祇大、拘萨罗、蓝莫、毗舍离、摩揭提、迦尸、拘睒弥、达口、瞻波、多摩梨帝（上一二国是中天竺、东天竺诸国，大部分在今印度境内，个别处于尼泊尔南部）、师子、耶婆提（上二国为归途所经）。其中达口国系作者听闻所记，其余的三十一国均为作者游历所及。

鉴真东渡弘扬佛法

鉴真（688—763），俗姓淳于。扬州江阳县（今江苏扬州）人。中国唐朝僧人，律宗南山宗传人，日本佛教律宗开山祖师，著名医学家。日本人民称鉴真为"天平之甍"，意为他的成就足以代表天平时代文化的屋脊（意为高峰）。晚年受日僧礼请，东渡传律，履险犯难，双目失明，终抵奈良。在传播佛教与盛唐文化方面，建立了很大的历史功绩。

唐朝时期，经济繁荣，国势强大，中国和日本的友好往来和文化交流空前繁荣。为了学习唐朝的政治制度和博大精深的文化，自唐太宗贞观年间至唐代末期，日本派往中国的遣唐使并成行的就有13次之多。在这些使团中，有许多是留学生，还有留学僧，其中不乏好学之士和学识渊博之人。

与此同时，中国人中也有不断东渡日本进行中日文化交流的，其中贡献最大的便是鉴真和尚。

唐玄宗开元元年（713年），鉴真到扬州大明寺宣讲戒律，当时听他讲经和由他受戒的弟子就达4万多人。这时，鉴真已经是一位学识渊博、威望很高的佛学大师了。他还不断组织僧人抄写经书，抄写的经书多达3万多卷。另外，他还设计建造寺院80多所。因此，从日本来到大唐的留学僧也都十分仰慕鉴真的佛学造诣。

开元二十一年（733年），日本第九次遣唐使来到大唐。随团前来的日本留学僧荣睿、普照受日本圣武天皇之命，约请鉴真东渡。

唐玄宗天宝元年（742年）冬十月，荣睿、普照来到扬州大明寺拜谒鉴真，表达了日本国对他的仰慕之意，并说："佛法虽然流传到日本国，可是还没有传法授戒的高僧，请'大和尚东游兴化'"。鉴真问寺内诸僧，有谁愿意应此远请，众僧默然。良久，才有一个名叫祥彦的僧人说："彼国太远，生命难存，沧海淼漫，百无一至。人生难得，中国难生，进修未备，道果未克，是故众僧缄默。"鉴真听后说："为法事也（为了宏法传道），何惜身命！诸人不去，我即去也。"鉴真下定决心后，便开始了东渡日本的准备。

第一次东渡，鉴真和弟子祥彦等21人从扬州出发，由于受到官厅的干涉而失败。

744年1月，鉴真等17位僧人（包括潜藏下来的荣睿、普照），连同雇佣的"镂铸写绣师修文镂碑等工手"等85人，共100余人再次出发。结果还没等出海，就在长江口的狼沟浦遭遇风浪沉船了。船修好后，刚一出海，又遭遇大风，飘至舟山群岛的一个小岛上，五日后众人才被救起，转送明州余姚（今浙江宁波）阿育王寺安顿。开春之后，越州（今浙江绍兴）、杭州、湖州、宣州（今安徽宣城）各地寺院皆邀请鉴真前去讲法，第二次东渡至此也以失败结束了。

结束了巡回讲法之后，鉴真回到阿育王寺，准备再次东渡，结果这件事被越州的僧人得知了。为了挽留鉴真，他们向官府控告日本僧人潜藏中国，目的是"引诱"鉴真去日本。于是，官府将荣睿投入大牢，遣送杭州。荣睿途中装病，伪称"病死"，才得以逃脱。第三次东渡就此作罢了。

江浙一带既然不便出海，鉴真便决定从福州买船出海。他率30余人从阿育王寺出发，刚走到温州便被截住。原来鉴真留在大明寺的弟子灵佑担心师父安危，苦求扬州官府阻拦，淮南采访使遂派人将鉴真一行截回扬州。第四次东渡再次不了了之。

748年，荣睿、普照再次来到大明寺恳请鉴真东渡。鉴真即率僧人14人和工匠水手等共35人，于阴历六月二十八日从崇福寺出发，再次东行。为等顺风，出长江后，鉴真一行在舟山群岛一带停留了数月，直到十一月才出海。在东海上，该船遭到强大北风吹袭，连续漂流14天才看到陆地，16天后方能上岸，结果发现已经漂流到了振州（今海南三亚），入大云寺安顿。鉴真在海南停留一年，为当地带去了许多中原文化和医药知识。时至今日，三亚仍有"晒经坡""大小洞天"等鉴真遗迹。

之后，鉴真北返，经过万安州（今海南万宁）、崖州（今海南海口）、雷州、梧州到达始安郡（今广西桂林）。在始安开元寺，鉴真又住了一年，又被迎去广州讲法，途经端州（今广东肇庆）时，荣睿病死该地龙兴寺。在广州，鉴真准备前往天竺，被慰留。入夏之后，鉴真继续动身，经韶州时，普照辞去，临别之时，鉴真发誓"不至日本国，本愿不遂"。此时，鉴真由于水土不服加之旅途劳顿，又为庸医所误，已导致双目失明。过了大庾岭，鉴真大弟子祥彦又在吉州（今江西吉安）坐化，鉴真十分悲痛。接下来，鉴真又经过庐山、江州（今江西九江）、润州江宁县（今江苏南京），回到了扬州。第五次东渡结束。

由于鉴真的游历遍及半个中国，因此声名大噪。753年，日本遣唐使藤原清河、吉备真备、晁衡等人来到扬州，再次恳请鉴真同他们一道东渡。当时唐玄宗崇信道教，意欲派道士去日本，却遭到日本拒绝，因此不许鉴真出海。鉴真便秘密乘船至苏州黄泗浦，转搭遣唐使大船，随行人众24人，其中僧尼17人。11月16日，船队扬帆出海，此时，普照也从余姚赶来；11月21日，鉴真所乘舟与晁衡乘舟失散；12月6日剩余两舟，一舟触礁；12月20日，抵达日本萨摩。第六次东渡终于成功。

756年，孝谦天皇任命鉴真为大僧都，统理日本僧佛事务。758年鉴真卸任，被尊称为"大和上"，恭敬供养。759年，鉴真率弟子仿扬州大明寺格局设计修建了唐招提寺，至今仍存，被日本视为国宝，对日本建筑艺术有重要影响。从那以后，鉴真在此授戒讲经，把律宗传至日本，成为日本律宗的始祖。鉴真虽双目失明，但能凭记忆校对佛经。他还精通医学，凭嗅觉辨草药，为人治病。曾留下一卷《鉴上人秘示》的医书，对日本医药学的发展做出了贡献。他带到日本的中国佛经印刷品和书法碑帖，对日本的印刷术、书法艺术也产生了很大影响。

763年，鉴真在日本招提寺内圆寂。寺内至今还保留着鉴真的坐像，这也是日本的国宝，是鉴真的弟子忍基和思托用中国的干漆夹法为他塑的。鉴真在日本10年，对中日文化交流做出了巨大的贡献。

受鉴真弟子思托等的委托，在鉴真圆寂后的16年，日本奈良时代（710—784年）的著名文学家真人元开写了《唐大和上东征传》。书中详尽描述了鉴真六次东渡航海的艰苦历程，使后人了解了唐朝时中国、日本的造船术和航海术。

故事感悟

鉴真为弘扬佛法，矢志东渡，前五次虽历经千辛万苦，未能成功，第六次在双目失明的情况下才终于获得成功，此后一直在日本活动，为日本带去了中国的先进科技与文化，促进了中日之间的文化交流。

佛学具有一定的普世价值，鉴真就是秉承着这样一个理念去弘扬佛理的，并用行动践行了自己的理念。

■史海撷英

唐朝时的中日交流

日本古代时被称为倭国，唐代开始才改称为日本。自汉朝开始，日本就和我国有了正式的交往。《后汉书》中记载，东汉光武帝时，日本曾派使者来到中国，光武帝赠以印绶。这枚金印上刻有"汉委奴国王"字样，近代已在日本九州发现。唐朝时期，日本发生了"大化改新"，开始向封建社会过渡。唐朝封建经济的高度发展与日本的社会变革结合起来，出现了中日经济文化交流的高潮。

唐朝建立后的200年间，日本正式派到中国来的遣唐使共有12次，另外还有任命后未成行、未到达唐朝、迎入唐使和送客唐使共6次。每次最少为250人，最多时可达五六百人。

这些遣唐使组织完备，设有大使、副使、判官、录事，成员有翻译、医师、阴阳师、画师、史生、射手、音乐长、玉生、锻生、铸生、船匠、舵师、水手长、水手等，还有留学生、学问僧多人。遣唐使给唐朝带来了珍珠、绢、琥珀、玛瑙、水织等贵重礼品。1970年，在西安发现的日本"和同开"银币，很可能就是遣唐使带来的。当然，唐王朝也回赠给日本一些高级丝织品、瓷器、乐器、文化典籍等。日本奈良东大寺正仓院所存放的唐代乐器、屏风、铜镜、宝刀等珍贵文物，就有一部分是遣唐使带回去的。

为了吸收中国的文化成果，日本还选派不少留学生到唐朝学习，这些人都被分配到长安国子监学习各种专门知识。他们在中国长期生活，与中国的诗人和学者结下了深厚的友谊，其中最著名的就是晁衡。当然，这些留学生和学问僧在传播唐朝制度和文化中也起到了很大的作用。

□文苑拾萃

初谒大和上二首

（一）日本 元开

摩腾游汉阙，僧会入吴宫。
岂若真和尚，含章渡海东。
禅林戒网密，慧苑觉华丰。
欲织玄津路，缁门得妙工。

（二）日本 元开

我是无明客，长迷有漏津。
今朝蒙善诱，怀抱绝埃尘。
道种将萌夏，空华更落春。
自归三宝德，谁畏六魔瞋。

五言伤大和上

日本 石上宅嗣

上德从迁化，余灯欲断风。
招提禅草划，戒院觉华空。
生死悲含恨，真如欢岂穷！
惟视常修者，无处不遗踪。

五言伤大和上

日本 藤原刷雄

万里传灯照，风云远国香。
禅光耀百亿，戒月皎千乡。
哀哉归净土，悲矣赴泉场。
寄语腾兰迹，洪慈万代光。

巢谷步行万里探"二苏"

> 巢谷(1026—1099),字元修。四川眉山人。父为教师,少从父学,后又弃文学武,但文、武皆不中第。

苏轼被贬官后到了儋州(今海南儋耳),他与巢谷是同乡,从小就熟识,所以与巢谷有过交往。但是,等苏轼与其弟苏辙在朝做官时,巢谷随俗生活在乡里,却从未到官府去拜见过苏轼。绍圣初年(1094年),苏辙又被远谪岭海(惠州,今广东惠阳),平日的新朋旧友都不再来往了,唯独巢谷在老家眉山对别人说,他想徒步去拜访两苏,听说的人都笑他疯癫可笑。

元符二年(1099年),巢谷终于去了,走到梅州(今广东梅州)时给苏辙写了一封信说:"我徒步行走万里来见您,全不在乎自己一路的奔波辛苦,现在已经到了梅州,不出十天就一定能见到您,我死而无憾了。"

苏辙见信后,万分惊喜地说:"他不是当今的世人,而是古人啊。"

待两人见面,互握双手,相对而泣,而后叙说着往事,过了一月之久还未叙够。这时的巢谷已是73岁高龄了,体弱多病,但他还想再到海南去见苏轼。苏辙怜悯他年老多病，就制止他说："您的心意是好的，然而从循州（苏辙贬居之地）到儋州（即今海南岛儋县，苏轼贬居之地），数千里路，中间又要乘船渡海，不是年龄大的人能承受了的。"

巢谷回答说："我自认为还不会马上死，您不要制止我了。"

看看口袋中钱已不多，苏辙虽不宽裕，仍竭力资助，送走了巢谷。

巢谷乘船到新会（今广东新会）时，有个蛮人偷走了他的钱袋，逃到新州（今广东新兴）时被抓获，巢谷就跟着到了新州，不久就病死在那里。苏辙听说后，失声痛哭，恼恨他不听自己的劝说而客死他乡，又叹服他没有听劝阻而一定要实现自己心愿的意志。

■故事感悟

巢谷是个行动家，有了想法就去实行。他对二苏的友情令人感动，他的实干精神更值得后人学习。

■史海撷英

巢谷受托

巢谷自幼便跟随父亲学习知识，虽然生活简朴，但却博学多才。进京参加进士考试，看见武艺高强的人他就很喜欢。巢谷一向力气很大，于是放弃了原来所学的东西，准备弓箭，学习骑马射箭，不久学成，但却没有考中进士。他听说西部的人大多骁勇善战，骑射击刺的本领是四方中最好的，于是就去游历秦凤、泾原等地，与所到之处的豪杰结交。

当时，有个名叫韩存宝的人，与巢谷的关系十分要好。巢谷教他兵书，两人便结下了深厚的友谊。熙宁年间，韩存宝作为河州的将领立了战功，被称为熙河名将，朝廷开始重视他。这时，正赶上泸州蛮乞弟侵扰边境，各郡都抵制不了他们，于是朝廷命令韩存宝出兵攻打。韩存宝不懂少数民族的风俗，就请巢谷到军营中做顾问。

后来，韩存宝犯了法，要被抓捕，他料到自己一定会死，就对巢谷说："我是一个泾原的武夫，死并没有什么可惜的，只是我的妻子和孩子就难免挨饿受冻生活困苦了。我口袋里还有数百两银子，除了您没有别人可以代我交给他们了。"

巢谷答应了韩存宝的请求，就更换姓名，带着银两步行去送给韩存宝的儿子，没有其他人知道这件事。韩存宝死后，巢谷逃到江淮一带，等到赦免后才回来。

□文苑拾萃

读 史

（宋）苏辙

诸吕更相王，陈平气何索？
千金寿绛侯，刘宗知有托！

贾耽及其《海内华夷图》

贾耽（730—805），字敦诗。沧州南皮（今河北南皮县）人。唐朝著名的政治家、地理学家。贾耽从小就喜欢读地理书籍，喜爱骑马射猎。步入中年以后，十分重视地理研究工作，"筮仕之辰，注意地理，究观研考，垂三十年"。天宝十年（751年），他参加科举考试，以明经登第。卒年76岁。

贾耽的先祖是长乐（今河南安阳市东）人。天宝十年（751年），他22岁时以两经登第走上仕途。乾元元年（758年）授贝州临清（今河北清河）县尉，继而授绛州正平（今山西新绛）县尉。

在处理日常政务时，贾耽表现出"器重识高，涵泳万顷"的良好素质，因而颇得太原尹王思礼的赏识，被授予度支判官，后来又转试大理司直监察殿中侍御史。

上元二年（761年），贾耽被擢为检校缮部员外郎兼太原少尹、侍御史、北都副留守、检校礼部郎中。贞元九年（793年），贾耽以64岁高龄奉旨入觐，任尚书右仆射同中书门下平章事。"朝廷为之宝，廓为之重，天下以之信向，蛮夷以之怀来，加金紫光禄大夫"。而后，他又转任左仆射，依前平章事，迁检校司空，封魏国公。

贞元十二年（796年），贾耽因身体不适，首次上表提出辞呈。表曰："荏苒四年，昧于摄生，素有多病。眼有盲膜之疾，耳闻风雨之声。自赵憬云亡，卢迈染患，忽忽惊悸。旧疹顿加，尸素之中，视听不逮。……省躬量力，诚所不任。非求退让之名，实为官谤所迫。伏希圣鉴俯察恳诚，无任惶迫切之至。"但是，贾耽的辞职并没有得到恩准。

贾耽生活的时期，正是唐王朝由繁荣昌盛的顶峰走向滑坡的转折时期。他一生大部分时间从事政治活动，长期在地方和中央任重要职务，目睹了国势衰落边疆多事的情景，深表忧虑，常说"率土山川，不忘寝寐"，盼望早日收复失地，恢复领土完整，怀抱强烈的爱国热忱。

贾耽一生为官47年，其中居相位13年，事务繁忙，政绩茂异。与此同时，他还根据国家的需要，充分利用各种机会，结合政治、军事研究地理，考察地理。

贾耽研究并绘制地图的目的很明确，就是要像东汉伏波将军马援那样，用米堆积立体地理模型供军事行动之用；像西汉萧何那样，搜集秦国地图帮助刘邦夺天下。贾耽年轻时期，正值"安史之乱"，政治很不稳定，人民赋税很重，生活困难，国力衰弱，没有足够的力量确保边疆安全，河西陇右（今河西走廊）一带被吐蕃所占。"职方失其图记，境土难以区分"，剑南西山三州七关军镇监牧三百所丧失，河西陇右州郡悉陷吐蕃。国家守于内地，旧时镇戍，不可复知。对于这些，贾耽都感到十分焦虑，因此决心绘制陇右沦陷区的地图，以备政治军事所需。

为此，贾耽一方面采掇舆议，进行广泛的调查采访，凡四夷之使及使四夷还者，必与之从容，讯其山川土地之终始，收集"绝域之比邻，异蕃之习俗，梯山献琛之路，乘舶来朝之人，咸究竟其源流，访求其居处。阛阓之行贾，戎貊之遗老，莫不听其言而掇其要；间阎之琐语，风谣之小说，亦收其是而芟其伪"。另一方面，他又"寻研史牒"，经常查阅中央和地方保存的旧有图籍，对"九州之夷险，百蛮之土俗，区分指画，备究源流"，从而掌握了许多第一手资料，积累了丰富的地理知识。贾耽对裴秀的"制图六体"非常推崇，认为"六体则为图之新意"，要"夙尝师范"，加以学习和借鉴。

贞元十四年（798年），贾耽果真用裴秀的制图六原则绘制出了"关中陇右及山南九州图"一轴（已佚），主要表现了陇右兼及关中等毗邻边州一些地方的山川关隘、道路桥梁、军镇设置等内容。由于贾耽对搜集到的地理资料做了慎重的取舍，所以，"岐路之侦候交通，军镇之备御冲要，莫不匠意就实，依稀象真"，内容较为翔实。

贾耽在献图的表中写道："诸州诸军，须论里数人额；诸山诸水，须言首尾源流。图上不可备书，凭据必资记注。"也就是说，图中难以用符号表示的地理内容，如政区面积、户口人数、山川源流等，他都用文字注记详细地加以说明，然后又汇编成册，故名为《关中陇右山南九州别录》《吐蕃黄河录》。图和说明一并奏之朝廷，希望作为收复失地、用兵经略的参考。德宗皇帝看完后，十分赞赏，特赐贾耽厩马一匹，银二百两，银盘银瓶各一个，以示奖励。

贾耽一生热爱地理，尤其勤于搜集地理方面的资料。从兴元元年（784年）至贞元十七年（801年），经过17年的充分准备，他终于绘成名闻遐迩的《海内华夷图》，撰写了《古今郡国县道四夷述》，献给朝廷。

在表文中，贾耽简要地记述了绘图的目的、经过、内容及用途："臣闻地以博厚载物，万国棋布；海以委输环外，百蛮绣错。中夏则五服、九州，殊俗则七戎、六狄，普天之下，莫非王臣。昔毋丘出师，东铭不耐；甘英奉使，西抵条支（今伊朗、伊拉克境）；奄蔡（在咸海、里海北面）乃大泽无涯，罽宾（今喀布尔河下游及克什米尔一带）则悬度作险。或道里回远，或名号改移，古来通儒，罕遍详究。臣弱冠之岁，好闻方言，筮仕之辰，注意地理，究观研考，垂三十年。……去兴元元年，伏奉进止，令臣修撰国图。旋即充使魏州、汴州，出镇东洛、东郡，间以众务，不遂专门，绩用尚亏，忧愧弥切。近乃力竭衰病，思殚所闻见，丛于丹青。谨令工人画《海内华夷图》一轴，广三丈，纵三丈三尺，率以一寸折成百里。别章甫左衽，奠高山大川；缩四极于纤缟，分百郡于作绘。宇宙虽广，舒之不盈庭；舟车所通，览之咸在目。"

贾耽绘制此图的目的，是力图要把唐代统一、强大的面貌表现出来，因而图幅很大，"广三丈，纵三丈三尺，率以一寸折成百里。别章甫左衽，奠高山大川；缩四极于纤缟，分百郡于作绘。宇宙虽广，舒之不盈庭；舟车所通，览之咸在目"。为了绘制此图，他花了30多年时间阅读文献，调查采访，认真选取资料。

贾耽成为继裴秀之后我国地图史上又一位划时代的人物。他主持绘制的《海内华夷图》以其独特之长，展现了唐代的制图水平，达到了新的高峰，从而成为中国地图史上一枚绚丽的瑰宝。

■故事感悟

贾耽一生酷爱地理，从政之余也不忘寻找机会考察地理。他为了把唐朝统一、强大的面貌展现出来，广泛搜集资料，进行大量的调查研究，在前人著作的基础上不断求证、考核。贾耽不仅为国家做出了巨大的贡献，也为中国的地图史上留下了绚丽的瑰宝。

贾耽救"义士"

唐朝时期，有个名叫冯燕的年轻人，性格豪爽，很讲义气，擅长玩球、斗鸡等类的游戏。

有一天，街上有人为了争夺财产互相殴斗，冯燕就去打抱不平，结果失手杀了人，便跑到乡下去躲藏。官方追捕时，他就跑到了滑地，并经常和驻在滑地的年轻士兵们玩球和玩斗鸡。

当时，相国贾耽就镇守在滑地，听说冯燕很有才华，就把他留在军中。一天，冯燕在街上闲走时，看到一个打扮很妖冶的女子在看他。冯燕就让人去串通女子，二人勾搭成奸。

女子是个有夫之妇，丈夫张婴是驻军中的一个小军官。这天，他正和同僚们在喝酒，冯燕得闲，就到了他家，关门和张妻调笑。这时，张婴回来了，张妻就用衣襟遮挡冯燕，冯燕便弯着腰在张妻的遮掩下藏到了门后。可是，冯燕的头巾却压在枕下，挨近佩刀。张婴因喝醉酒，闭眼大睡。冯燕指了指头巾，意思是叫张妻取来，张妻以为冯燕要佩刀，便把佩刀拿来给冯燕。冯燕看了一会儿张妻，便用刀杀了她，然后拿了头巾走了。

第二天，张婴起来，看见自己的妻子被杀了，很惊愕。他就以为是自己酒后杀死了妻子，邻居们也认为真是他杀死的，便把张婴绑了起来，告诉了张妻的娘家。他的岳父母都来了，说："过去你就常打我的女儿，诬陷她有过错，今天竟又杀了她，这不是别人干的。别人杀她，你怎么还能活着？"众人将张婴痛打了一顿，他是有苦不能诉。

不久后，官府又以杀人罪逮捕了张婴，也没有人为他辩解，张婴只有含冤认罪。执法官和几十个士兵持刀押解张婴赴刑场，围观者有1000多人。忽然，有一个人推开围观者跑出来大声说："你们先别杀他，他是无罪的。是我和他妻子通奸，又杀死了他的妻子，你们应当绑我！"

那些士兵闻讯，都过来捉拿说话的人。一看，此人竟是冯燕。

他们把冯燕押解到相国贾耽那里，贾耽听完这个情况后上奏皇上，表示愿意交出官印来赎冯燕的性命。皇上很赞赏贾耽的做法，便下诏说，凡滑城犯死罪的人，都一齐免死。

■ 文苑拾萃

《古今郡国县道四夷述》

《古今郡国县道四夷述》由唐朝人贾耽所著。该书在地名、沿革、自然和人文经济地理等方面都有详细的考订与记述，但篇幅却过于冗长。因此，贾耽"又提其要会，切于今日"，将40卷的《古今郡国县道四夷述》压缩、改写为4卷的《贞元十道录》。可惜书已亡佚，王谟的《汉唐地理书钞》有辑本。

20世纪前期，在敦煌鸣沙石室中发现了《贞元十道录》的残页，为现存地志中的最早写本。所谓十道，就是指唐贞观元年依自然形势分全国为关内、河南、河北、河东、山南、陇右、淮南、江南、剑南、岭南等十道。"十道"是唐贞观年间的政区设置，贞元时期已经不存在了。在书中，贾耽借用当年的政区概念，以便分卷叙述州郡的建置沿革、四至道里、物产贡赋、镇戍设置等内容。每卷有图，与文相应，开卷尽在，披图朗然，备受欢迎。

元代地理学家朱思本

朱思本（1273—1333），字本初，号贞一。江西临川人。曾学道于江西龙虎山中，后居大都（今北京）。元代著名地理学家，玉隆万寿宫道士、住持（今南昌西山万寿宫）、诗人。

在江西南昌西山萧峰东麓，有新庵里石刻，多为宋元之作。其中最大的一块岩石高4.2米、宽2.5米，约10平方米，石刻上有汉字，记载着地理学家朱思本晚年的活动情况。

朱思本生活在元朝时期，是元朝著名的地理学家。早在14世纪，他就在地图上把非洲大陆标绘制成一个向南伸展的三角形，而欧洲人到了15世纪初还对非洲大陆的走向模糊不清。已故英国科学家李约瑟在《中国科学技术史》中，称赞朱思本的非洲图是一项"杰出成就"。

朱思本"祖父以科举仕宋，官至淮阴宰，宋亡后隐居南昌西山"。朱思本的父亲也是读书人，秉承家教，"宁做西山隐士也不愿为元朝服务"。朱思本的祖父和父亲都与道教有着密切的关联，朱思本受到家庭熏陶，自幼学习经史，了解儒道，钟爱地理，仰慕司马迁周游天下的伟大行为。他在《舆地图》自序中说："予幼读书，知九州岛山川，及观司马氏周游天下，慨然慕焉。"

在少年时期，朱思本曾拜朱氏姻亲江西龙虎山住持张留孙（江西贵溪人）为师，入贵溪龙虎山为道士。在龙虎山中，他潜心刻苦学习道儒，在道教圣地寻找自身的海阔天空，寻求自身的心灵自由，并对自然学科——中国地理产生了浓厚的兴趣。

元朝初年，元世祖忽必烈等元代统治者对张留孙的玄教采取了既尊敬又宠信的态度，"朝廷有大谋议必见谘问"，于是经张留孙提名，朱思本在元大德年间（1297—1321年）应召前往元大都，协助玄教大师张留孙管理道教工作。行前，他曾赋诗一首"人生有行役，岂必皆蝇营"以明志，表明自己不愿做蝇营狗苟般的钻营之徒，而是胸怀大志，希望能有所作为，有"志于四方"。

至治元年（1321年），朱思本离开大都，出任杭州玄妙观住持。同年元月，他又被调往玉隆万寿宫（今南昌西山万寿宫）任住持，兼负责周边所有宫观事务。十二月，张留孙去世，朱思本便协助新玄教大师吴全节（江西上饶人）管理江南、荆襄等处的道教工作。至治二年（1322年），朱思本来到玉隆万寿宫（今南昌西山万寿宫）任住持。临行前，元代文坛名流虞集、范梈、袁桷、许有三、张梦臣、马臻、王世曦等纷纷以诗相送，情谊深厚，从此朱思本一直在西山至晚年。

从至大四年至延祐七年（1311—1320年）的十年间，是朱思本一生中最重要的时期。在这期间，朱思本"奉天子命，祠嵩高"，利用代天子祭祀名山大川的天赐良机，实践着自己少年时代的梦想，"登会稽，泛洞庭，踪游荆、襄，浏览淮、泗，历韩、魏、齐、鲁之郊"，周游大江南北，在实际中学习，记录了许多宝贵数据，画出了许多分地图，足迹遍布今河北、河南、山东、山西、江苏、安徽、浙江、湖南、湖北、江西等省。

在周游过程中，朱思本还以科学的态度求实求精，实地考察了众多古迹、郡邑、山川，验证了《要迹图》《樵川混一六合郡邑图》等历代古地图。在实地考察中，朱思本发现，古代的地图中存在着不少的错误和遗漏，"乃知前人所作，殊为乖谬"。

为此，朱思本花了10年的时间，不畏艰难，细心纠正古代地图中的谬误，"构为图、以正之"，填补古代地图内的遗漏，并将记录的许多数据、绘制的许多分地图，先分后合亲手绘编成了《舆地图》二卷。"兹其平生之志，而十年之力也。后之览者，庶如其非苟云"。

该图继承了裴秀、贾耽的"计里画方"法，先绘各地分图，再将分图合成长、宽各七尺的全图，标位、计程都相当精确，为前人所未及，在我国制图史上是一个杰出的创作。可惜原图已佚，明代罗洪先的《广舆图》则是依据他的地图绘制的，从罗图可略知其梗概。

朱思本绘编的《舆地图》成为当时全国性的大地图，其精度更是远超前人，地图的绘制也是中国制图史上的一个创举，《舆地图》成为元明时代地图的祖本。

■故事感悟

中国古代学术总是"长江后浪推前浪"，在纠正错误与被纠正的过程中发展。地理学发展到元朝时，朱思本发现前人的著述与现实有很大出入，再加上他从小就仰慕司马迁周游全国的事迹，于是开始周游祖国的名山大川，仔细观察，正确记录，亲手绘制了精度远超前人的地图，使之成为后代绘图的祖本，这也只有亲身实践才能做到。

元代的道教发展

元朝初年，在统治者的扶持下，道教出现了繁荣兴盛的局面，新老道派也呈现出合流的趋势，形成了北方以全真道为代表、南方以正一道为中心的格局。

南宋亡后，忽必烈于至元十三年（1276年）召见了第三十六代天师张宗演，并待以客礼，命主领江南道教，赐银印。次年（1277年），又赐号"演道灵应冲和真人"，命主江南道教事，准许自给牒度人为道士。

此后，历代正一天师都被元朝廷封为"真人"，命袭掌三山符箓、江南诸路道教事。元世祖对张宗演的两次接见，使他获得了不同寻常的头衔和职务，首先就是天师头衔。这也使得历代天师的首领地位日渐巩固，以至到了元代的中后期，以天师为首领的龙虎宗逐渐成为南方道教的重心，其余道教符箓派也一步步结合到它周围，最后组成了一个大的道派——正一道。

■文苑拾萃

朱思本南昌西山诗之一

天宝洞天，赠支炼师

南纪多名胜，西山得具瞻。千峰迷远近，百里见洪纤。
突兀仙家出，巉岩洞府兼。瑶池青鸟去，碧海紫鳞潜。
神物储金盌，骚人诧玉帘。龙光腾瑞霭，鹤影转晴檐。

吴许高凤在，曹卢宿卫严。旛幢弥栋宇，箫鼓走闾阎。
祀典邦家重，祈年水旱占。萧坛通绝顶，罕庙俯孤尖。
丹灶风烟合，芝田雨露沾。修篁吟凤咮，苍桧乱虬髯。
药捣松脂滑，泉馘石髓甜。野花摇白氎，山果落红盐。
兴远诗频咏，歌长酒屡添。幽栖羡支伯，文藻愧江淹。
访古情何极，寻真乐未厌。他年续仙传，着我定无嫌。

杰出的农业教育家杨屾

杨屾（1687—1785），字双山。陕西兴平人。清朝鼎盛时期的农学家，一生重视农业和农业技术教育，办学规范，成绩卓然，是古代中国杰出的农业教育家。

杨屾少年时期，正值明清之际的哲学家李颙主讲关中学院。杨屾听说后，就去拜师门下，颇得其师理学心传。尤其是李颙重视实学和"经世宰物以为用"的见解，对杨屾产生了深远的影响。

杨屾一生中的绝大部分时间都是在家乡设馆教学，致力于农桑，从事著述。刘芳的《豳风广义序》中说："双山杨子……赋资聪慧，才略性成，自髫年即抛时文，矢志经济，博学好问，凡天文、音律、医、政治，靡不备览。"

杨屾生活的时代，也正是清王朝康熙、雍正和乾隆的所谓"盛世"年间。在这期间，清王朝的政权基本已经巩固，专制统治处于相对稳定的阶段，因此对知识分子实行的是高压和笼络的两手政策。在大兴文字狱的同时，又大力提倡科举考试，因而大多数知识分子也都热衷于钻研如何做好"八股"时文，通过科举考试，以进入仕途。

但是，杨屾却与当时的很多知识分子不同，他不致力于入仕途，而是矢志于"经世致用"之学，一生大部分时间都在探索自然与人生，研究伦理和实业。杨屾的学术成就，在当时的评价是很高的。一代关中名士刘古愚（刘光贲）说他的学问可与北宋著名理学家、"关学"的创始人张载媲美，说他注重实际，不拘泥成法，博览群书，而"不为书所愚"。张元际在《补印知本提纲》中说他做学问"别有心契""创造词义多与前圣未合"，然而"其书俱从造化定理靠实推求，并非无本之谈"。

后来，杨屾专门设馆教学，先后从学弟子达数百人。他还撰著讲学用的讲义《知本提纲》，向学生演说儒家修身、齐家、治国、平天下"四业"的道理，强调"夫欲修四业之全，宜先知农务之要"；在《豳风广义·弁言》中，他说："农书为治平四者之首。"因此，他一生都致力于农桑的研究。

清朝初年，关中地区既不种棉、麻，也不种桑养蚕，只种粮食作物，因而这里的老百姓常常有食无衣，每年都要卖掉一半以上的口粮到外省去换布缝制衣服，结果是衣食皆缺，生活艰难。杨屾见到这种情景后，便思索着要为解决家乡人民衣着问题寻找一条新途径。他曾试种过棉和苎麻，但"殚思竭虑，未得其善"。试种虽未成功，但他却是第一个把棉花引种到陕西西部的人。

其后，杨屾在读《诗经·豳风·七月》时受到了启发。他认为，《豳风》中所指"豳地"，即邠州（今陕西邠庆）、长武（今陕西三水）等处。古代陕西能够种桑养蚕，那么现代也应该能种养。

于是，杨屾决心要重兴"邠风"，恢复陕西的蚕桑事业。他根据历史和事实，强调农桑并重和南北各地都宜栽桑养蚕，并博考各种蚕书，博采众长，又访问各地栽桑养蚕的经验，亲自试验，寻找出了在陕西行之有效的方法。此后，他还将自己积累了13年的经验，写出了一本蚕桑专书——《豳风广义》。该书一出，兴平、周至、户县一带的乡民便互相仿效传阅，都大获其利。但是，省县当局对此事却是置若罔闻。

为了可以在更大范围内快速推广发展蚕桑，乾隆六年（1741年），杨屾给当时的陕西布政使帅念祖上疏，请求由省府出面倡导，又把《豳风广义》一并附上。在上疏中，杨屾不仅从历史到现实陈述了推广桑蚕的利益，可以"广开财源，以佐积贮，裕国辅治，以厚民生"等，还提出了切实可行的推广蚕桑"八策"，建议用"规劝"和"课税"的办法巩固发展蚕桑业；要有赏有罚，凡栽桑百棵以上者，可以得到不同等级的奖励。至于桑籽、树苗、灌溉等重要措施，官府也要有统一筹划，与民方便。

杨屾的观点得到了帅念祖的支持，于是下令各府、州、县大力推广蚕桑。不到10年的时间，陕西关中、陕南甚至陕北的很多地方蚕业便快速发展了起来。

为了加强蚕桑业的发展，杨屾还在省城和凤翔、三原等地区设立了蚕局和蚕馆，负责推广和进行具体的技术指导。雍正三年（1725年）春天，有一次他出游终南山，"见槲橡满坡，知其有用，特买沂水（今山东境内）茧种，令布其间"，也取得了成功。柞蚕首次开始在关中地区得到了大量放养。

除蚕桑外，杨屾对耕作、树艺、畜牧等也有很深的研究与实践。他"更思秦中园圃久废，树艺失法，追仿素封之意"，建立了"养素园"，作为树艺、园圃和畜牧的研究和实践基地。

养素园大约是在雍正六年至八年间（1728—1730年）建立的。园周围主要栽种桑树和用材树木，园内间套种各种果树、蔬菜和药材等。在园中央凿了一口大井，安装有水车，供抗旱浇园之用。园内还盖有房舍，设学馆，藏图书，"储学育才"。

同时，养素园还是杨屾从事农事研究试验和学术著述的场所，他常常"身亲其事，验证成说，弃虚华之词，求落实之处，获得实效，即笔文于书"。

杨屾生平的著作计有《知本提纲》《论蚕桑要法》各十卷，《经国五政纲目》八卷，《豳风广义》四卷，《修齐直指》一卷。现存的只有《知本提纲》《豳风广义》和《修齐直指》。张元际《补印知本提纲序》说：《知本提纲·农则》为杨屾"一生之最得力，又恐未详也，作《修齐直指》申言农，《豳风广义》专言桑"。

■故事感悟

"学而优则仕"，这是古代年轻人的终极目标，可杨屾偏偏选择了不同的道路，一生矢志实业，探索自然与人生、伦理与实业，最终青史留名。

学问对人最主要的帮助不是沽名钓誉，而是文以载道，经世致用。杨屾身亲其事，验证成说，弃虚华之词，求落实之处，这样才能裕国辅治，以厚民生。

■史海撷英

理 学

理学是宋元明清时期的哲学思潮，又称道学。

理学主要产生于北宋时期，盛行于南宋与元、明时期，清代中期以后日益衰落，但其影响却一直延续到近代。广义上的理学泛指以讨论天道性命问题为中心的整个哲学思潮，包括各种不同学派；狭义的理学则专指程颢、程颐、朱熹为代表的，以理为最高范畴的学说，即程朱理学。

北宋以后，理学是社会经济政治发展的理论表现，也是中国古代哲学长期发展的结果，尤其是批判佛、道哲学的直接产物。在中国哲学史上，理学占有非常重要的地位，持续时间长，社会影响也很大，讨论的问题也十分广泛。

□文苑拾萃

诗经·豳风·七月

七月流火，九月授衣。

一之日觱发，二之日栗烈。

无衣无褐，何以卒岁？

三之日于耜，四之日举趾。

同我妇子，馌彼南亩，田畯至喜。

七月流火，九月授衣。

春日载阳，有鸣仓庚。

女执懿筐，遵彼微行。

爰求柔桑，春日迟迟。

采蘩祁祁，女心伤悲，殆及公子同归。

七月流火，八月萑苇。

蚕月条桑，取彼斧斨。

以伐远扬，猗彼女桑。

七月鸣鵙，八月载绩。

载玄载黄，我朱孔阳，为公子裳。

四月秀葽，五月鸣蜩。

八月其获，十月陨萚。

一之日于貉，取彼狐狸，为公子裘。

二之日其同，载缵武功。

言私其豵，献豜于公。

五月斯螽动股，六月莎鸡振羽。

七月在野，八月在宇。

九月在户，十月蟋蟀，入我床下。

穹窒熏鼠，塞向墐户。

嗟我妇子，曰为改岁，入此室处。

六月食郁及薁，七月亨葵及菽，

八月剥枣，十月获稻。

为此春酒，以介眉寿。

七月食瓜，八月断壶。

九月叔苴，采茶薪樗，食我农夫。

九月筑场圃，十月纳禾稼。

黍稷重穋，禾麻菽麦。

嗟我农夫，我稼既同，上入执宫功。

昼尔于茅，宵尔索绹。

亟其乘屋，其始播百谷。

二之日凿冰冲冲，三之日纳于凌阴。

四之日其蚤，献羔祭韭。

九月肃霜，十月涤场。

朋酒斯飨，曰杀羔羊。

跻彼公堂，称彼兕觥，万寿无疆。

近代科学先驱徐寿

徐寿（1818—1884），字生元，号雪村。江苏无锡人。中国近代科学先驱，近代造船、造舰、造机奠基人。他系统地翻译引进了西方先进化学知识，造出了中国第一台蒸汽机、中国第一艘轮船"黄鹄"号、中国第一批六艘兵船"恬吉"（惠吉）"操江""测海""海安""驳远""澄庆"等号及船上各式枪炮。鲜为人知的是，徐寿还是我国用机器制造金属钱币的开创人。

徐寿出生于江苏省无锡市郊外的一个没落的地主家庭。5岁时，徐寿的父亲病故，靠母亲一人支撑家庭。在他17岁时，母亲又去世了。幼年丧父，再加上清贫的家庭生活，使徐寿从小就养成了吃苦耐劳、诚实朴素的品质。正如后人评价的那样："赋性狷朴，耐勤苦，室仅蔽风雨，悠然野外，辄怡怡自乐，徒行数十里，无倦色，至不老倦。"

这种经历也促使徐寿在学习方面更为主动和努力。他自幼喜欢学习近代科学知识，而且涉及面十分广泛，凡是科学、律吕（指音乐）、几何、重学（即力学）、矿产、汽机、医学、光学、电学等书籍，他都会认真阅读，这些书籍也成为他生活中的伴侣。就这样，徐寿逐渐掌握了许多科学知识。

在徐寿的青年时代，我国还没有进行科学教育方面的学校，也没有专门从事科学研究的机构，徐寿学习近代科学知识的唯一方法就是自学。在学习方法上，徐寿很注意理论与实践的结合。1853年，徐寿和华蘅芳结伴同往上海探求新知识，他们专门拜访了当时在西学和数学上已颇有名气的李善兰。当时李善兰正在上海墨海书馆从事西方近代物理、动植物、矿物学等书籍的翻译，他们虚心求教、认真钻研的态度给李善兰留下了很好的印象。这次从上海回乡后，两人不仅购买了许多书籍，还采购了不少有关物理实验的仪器。

回家后，徐寿便根据书上的提示进行了一系列的物理实验。为了攻读光学，他买不到三棱玻璃，就把自己的水晶图章磨成三角形，用来观察光的七彩色谱。这样结合实验来学习物理，也让徐寿较快地掌握了近代的许多物理知识。

有一次，徐寿给包括华蘅芳的弟弟华世芳在内的几个孩子做物理实验。他先叠一个小纸人，然后用摩擦过的圆玻璃棒指挥纸人舞动，孩子们看了后，感到既惊奇又可笑。通过这样的演示，他把自己学到的摩擦生电的知识传授给了他人。

1856年，徐寿再次来到上海，读到了墨海书馆刚出版的、英国医生合信编著的《博物新编》的中译本。这本书的第一集中便介绍了诸如氧气、氮气和其他一些化学物质的近代化学知识，还介绍了一些化学实验。这些知识和实验引起了徐寿的极大兴趣，他依照学习物理的方法，购买了一些实验器具和药品，然后根据书中内容，边实验边读书，从而加深了对化学知识的理解。徐寿甚至还独自设计了一些实验，表现出了一定的创造能力。就是这样坚持不懈地自学，并运用实验与理论相结合的学习方法，使徐寿终于成为远近闻名的掌握近代科学知识的学者。

在学习科学知识的同时，徐寿还喜欢自己动手制作各种器具。他在《博物新编》一书中获得了一些关于蒸汽机和船用汽机方面的知识，根据书本提供的知识和对外国轮船的实地观察，经过3年多的努力，徐寿终于独立设计制造出以蒸汽为动力的木质轮船。这艘轮船命名为"黄鹄"号，是我国造船史上第一艘自己设计制造的机动轮船。

为了造船需要，徐寿在此期间还亲自翻译了关于蒸汽机的专著《汽机发初》。这也是徐寿翻译的第一本科技书籍，标志着徐寿从事翻译工作的开始。

1866年底，李鸿章、曾国藩等要在上海兴建主要从事军工生产的江南机器制造总局。徐寿因才识出众，被派到上海襄办江南机器制造总局。

徐寿到任后不久，就根据自己的认识，提出了办好江南机器制造总局的四项建议："一为译书，二为采煤炼铁，三为自造枪炮，四为操练轮船水师。"

之所以将"译书"放在首位，是因为他认为：要办好这四件事，首先必须学习西方先进的科学技术。而译书不仅能使更多的人学习到系统的科学技术知识，还能探求科学技术中的真谛即科学的方法、科学的精神。

为了做好译书工作，1868年，徐寿在江南机器制造总局内专门设立了翻译馆，除了招聘傅兰雅、伟烈亚力等几位西方学者外，还召集了华蘅芳、季凤苍、王德钧、赵元益及儿子徐建寅等略懂西学的人前来参加翻译工作。

经过共同努力，他们克服了层层语言障碍，翻译了数百种科技书籍。这些书籍也反映了当时西方科学技术的基本知识、发展水平及发展方向，对于近代科学技术在我国的传播起到了很大的作用。

随着一批批介绍国外科学技术书籍的出版发行，徐寿和他所翻译的书逐渐声誉大增。在制造局内，徐寿对于船炮枪弹还有多项发明，例如他能自制镪水棉花药（硝化棉）和汞爆药（即雷汞），这在当时是很先进的。

此外，徐寿还参加过一些厂矿企业的筹建规划，这些工作也使他的名气日益增大。李鸿章、丁宝桢、丁日昌等官僚都争相以高官厚禄邀请他去主持自己操办的企业，但是徐寿都婉言谢绝了，他决心把自己的全部精力都投入到译书和传播科技知识的工作中。

▢故事感悟

徐寿自学成才，靠着正确的学习方法和坚忍不拔的毅力，边学习边实践，自己动手做实验，凡事必须经过考察才最终得到确认，因此在很多领域都取得了重大成果，成为我国科学史上划时代的人物。

▢史海撷英

徐版银元

19世纪时，墨西哥银元流入中国。徐寿早就想改革我国历史上沿用下来的翻砂造币的落后技术了，然而，那时的中国近代工业还没有踪影，没有蒸汽动力机，没有制币的压力机，也就没有机床加工模具，可是徐寿凭借着自己的智慧和灵巧的双手，最终仿制出了墨西哥银元。

太平天国建都南京以前，徐寿在家乡无锡社降里曾采用类似"模"的方法，利用物体下落的冲力，把银子坯料冲压成银元。他先找来两块钢板，镂刻好正反两面不同花纹，再制成银元的金属模子，然后校正银子份量，溶化成饼，置入金属模具内。在设定的温度下，在高处悬一石锤，用绳牵之，往下一放，石锤就会沿着木制轨道猛然坠落，用物体下落的加速度冲击，便制成了银元。

后来，徐寿把这种银元拿到市场上交易，即使是老于商贾的人，也都误以为这是墨西哥银元的新版。由于这种银元的含银量高，邑人乐于使用，被称为徐版银元。当时，一个英国商人韦廉臣还特意向徐寿换了几十枚银元，送到伦敦博物馆去，至今仍被完好地保存着。

□文苑拾萃

《格致汇编》

清朝末年，为传授科学技术知识，徐寿和傅兰雅等人在 1875 年于上海创建了格致书院。同年，徐寿等人创办发行了我国第一种科学技术期刊——《格致汇编》，成为我国近代最早的以传播科学知识为宗旨的科学杂志。

《格致汇编》在创办之初，曾通过上海申报馆发行，因此早期的《申报》中也有关于《格致汇编》的珍贵报道，包括系列书评、申报馆告白、主编傅兰雅和其他机构告白等。从中可以看出，《格致汇编》这份传播西学的刊物在晚清中国社会的反响，同时也体现出《申报》在宣传出版物方面的过人之处。

　　徐寿等人创办的《格致汇编》成为我国近代第一份科学普及期刊，开创了在当时封闭、落后的中国进行科学启蒙、普及现代科学知识的先河。

第三篇

功夫用到金石为开

俞伯牙学琴大自然

俞伯牙（生卒年不详），姓伯，名牙。春秋战国时期楚国郢都（今湖北荆州）人。他虽为楚人，却任晋国上大夫，且精通琴艺。说他"姓俞名瑞，字伯牙"，是明末小说家冯梦龙在小说中的杜撰，而在此之前的《史书》《荀子》《琴操》《列子》等书中均为"伯牙"。东汉高诱注曰："伯姓，牙名，或作雅。"现代的《辞源》也注曰："伯姓牙名。"现在的琴曲《高山》《流水》和《水仙操》都是传说中伯牙的作品。

春秋时期，楚国有位叫俞伯牙的年轻人。他酷爱弹琴，但是技艺并不高，于是拜连成为老师，跟他学琴。日复一日，年复一年，经过三年的刻苦学习，俞伯牙渐渐掌握了弹琴的技巧，但进步仍不是很快，弹琴的时候经常伴有杂念，不能进入忘我的状态，弹琴水平很难达到随心所欲、运用自如、出神入化的境界。俞伯牙十分焦虑，但又无法提高自己。他的老师连成也在考虑用什么方法才能尽快提高俞伯牙的琴技。

有一天，连成对俞伯牙说："伯牙啊，你学琴也学了几年了，但是一直没有太大的提高，我看主要是你对音乐还没有产生感情。我有一位老师，叫方子春，住在东海之滨，很有谋略和见识，也很善于陶冶人的情操，我带你去他那吧，也许他能帮助你提高琴技。"俞伯牙正不知如何是好，听老师这么一说便欣然答应。

于是，他们立即启程，经过长途跋涉，来到蓬莱岛。一路上，伯牙谈笑风生，好不开心。放下行装后，连成看俞伯牙兴致这么高，就对他说："伯牙啊，我去拜见方子春老师，你先住在这里，烦闷的时候就弹弹琴、散散心，看看大海，我很快就会回来的。"说完便乘船而去。

俞伯牙按照老师的吩咐，住在附近的客栈里，一心盼望着老师和方子春归来，想到自己可以马上得到名师指点，不禁心花怒放，便坐下弹起了小曲。但弹了几曲，总感到心烦意乱，无法做到平心静气，便收手不弹了。就这样，他焦急地等着老师和方子春回来，一天，十天……俞伯牙连个人影都没看到。

俞伯牙更着急了，于是走出客店，来到了海边。他极目远望，眼前一片寂寥，没有一个人，只有一片茫茫无际的大海。海天一色，空旷邈远；海浪滚滚，一浪高过一浪地拍打着海岸，飞溅出无数美丽的浪花，汹涌澎湃之声不绝于耳；身后是林木葱葱，郁郁苍苍，山风与百鸟和鸣，好像一曲雄壮的交响曲，撕破了这静静的空间。好一幅辽阔、深邃、壮丽的美景啊！

俞伯牙望着美景，心潮澎湃，不觉泛出一股激动的情思，创作的激情不断地冲撞着他的胸膛。景色在他的眼里越来越美，似乎完全活了起来。海水向他涌过来，鸟儿向他飞过来，他无法按捺住这美妙的情思，立刻转身回到客店，放好古琴，调好弦轸。此时，他激情满怀，和着涛声，伴着鸟鸣，急速地弹了起来。他完全沉浸在大自然的韵律之中，情感的波涛在他的手指下翻转流泻。他边弹边唱，边看边弹，似把流水弹成乐曲，把乐曲幻化成了流水；把森林弹成乐章，把乐章叠印成了森林；音符像啁鸣的小鸟，小鸟像跳跃的音符……就这样，他创作了一首《水仙操》。他一次又一次地弹奏着自己创作的乐曲，嘹亮的琴声透过窗纱，回荡在山林之间；透过海空，与汹涌澎湃的波涛声相呼应，犹如万马奔腾，气势磅礴。就连正在吃草的老马都竖起耳朵，仿佛听得入了神。

不知过了多长时间，老师连成回来了。他见俞伯牙如醉如痴地弹着琴，知道自己的苦心没有白费。这时候，俞伯牙的琴声戛然而止，他泪流满面地望着老师，说道："老师，老师，我明白了您的一番苦意。您带学生到这里来，就是为了要改变我的意境和情趣啊！"

从此，俞伯牙积极地去拥抱大自然，去感受生活，感受大自然的美好，用音乐与自然对话，大自然也给了他无限的创作源泉。俞伯牙很快就成为远近闻名的大琴师，他无与伦比的琴艺更是令人赞叹不已。

故事感悟

艺术来源于生活而又高于生活，大自然更是艺术的灵感之库。闭门造车，不懂得深入生活、深入自然的人是无法获取艺术灵感的。俞伯牙一心想提高琴技，苦于没有方法，而他在海边观景的一霎间，艺术的灵感便像泉水一样喷涌出来，终于使他突破了自己的瓶颈。由此可见，即使是艺术，也要通过实践才能获得真正的认知。

俞伯牙摔琴谢知音

伯牙从小就酷爱音乐，他也一直在寻觅自己的知音。

有一年，伯牙奉晋王之命出使楚国。八月十五那天，他乘船来到汉阳江口。伯牙琴兴大发，专心致志地弹了起来。

正当他完全沉醉在优美的琴声之中时，猛然看到一个人在岸边一动不动地站着。伯牙吃了一惊，手下用力，"啪"的一声，琴弦被拨断了一根。伯牙正在猜测岸边的人为何而来，就听到那人大声地对他说："先生，您不要疑心，我是个打柴的，回家晚了，走到这里听到您在弹琴，觉得琴声绝妙，不由得站在这里听了起来。"

伯牙就问："你既然懂得琴声，那就请你说说看，我弹的是一首什么曲子？"

那打柴的人笑着回答："先生，您刚才弹的是孔子赞叹弟子颜回的曲子。只可惜，您弹到第四句的时候，琴弦断了。"

打柴人名叫钟子期。伯牙不禁大喜，就和钟子期聊起了琴乐，相约明年再见。

第二年中秋，伯牙如约来到汉阳江口，可是他等啊等啊，怎么也不见钟子期来赴约。

第二天，伯牙向一位老人打听钟子期的下落。老人告诉他，钟子期已不幸染病去世了。临终前，他留下遗言，要把坟墓修在江边，到八月十五与伯牙相会时，再来倾听伯牙的琴声。

听了老人的话，伯牙万分悲痛。他来到钟子期的坟前，凄楚地弹起了古曲《高山流水》。弹罢，他挑断琴弦，长叹了一声，把心爱的瑶琴在青石上摔个粉碎，悲伤地说："我唯一的知音已不在人世了，这琴还弹给谁听呢？"

两位"知音"的友谊感动了后人，人们就在他们相遇的地方筑起了一座古琴台。直至今天，人们还常用"知音"来形容朋友之间的真挚情谊。

■文苑拾萃

俞伯牙摔琴谢知音

其一

势利交怀势利心，斯文谁复念知音？
伯牙不作钟期逝，千古令人说破琴。

其二

摔碎瑶琴凤尾寒，子期不在与谁弹？
春风满面皆朋友，欲觅知音难上难。

赵襄子苦练驾驭术

赵襄子（？—前425），即赵毋恤。战国时期赵国的创始人。他出生于五霸称雄的春秋末代，卒于诸侯兼并的战国早期。卒谥襄，史称赵襄子。《史记》中所列赵国的襄子纪年，在位为33年（公元前457—前425年）。

赵襄子是春秋末期晋国的大夫。他才艺超群，但美中不足的是感觉自己的驾车技术很一般。有一回，他向当时晋国有名的驭手王良学习驾车技术。经过一段时间的学习，他渐渐掌握了驾车技术。他对自己的驭术很满意，甚至滋生出自满的情绪，迫不及待地要与王良进行比赛。

王良没想到赵襄子会提出这样的要求，但也知道他的驾车技术确实有了很大的进步，就同意了他的要求。

两人连续进行了三场比赛。赵襄子一心要赢王良，做了精心的准备，每次比赛都更换马匹，可是每次的结果都令赵襄子感到沮丧，因为每次他都是落在王良的后面。

比赛结束后，他想：我的驾车技术已经学得这么好了，而且每次比赛准备都很充分，怎么会输呢？一定是王良还有什么绝招没有传授给我，他还留着一手！于是，赵襄子带着沮丧和不满的情绪埋怨王良说："我向你学驾车技术，可从比赛情况来看，你并没有把你的驾驭技术全部传授给我呀！"

王良连忙说："哪里是这样呢？我的技术确实是毫无保留地全部奉献给您了。"

赵襄子一听，急忙反驳："如果真像你说的那样，那为什么我总是输给你呢？"

王良说道："我确实把技术都传授给了你，是你把技术用死了，不能恰当地运用它。驾车，最重要的是使马的身体安稳地套在车内，御手用心地去指挥和调整马的方向和速度，驭手和马要保持一种默契，使动作协调，一心不可二用，这样才能跑得快、走得远。可是当您落在后面的时候，一心要超过我；跑在前面的时候，又唯恐被我撵上。驾车比赛，总是有前有后的，您却把先后看得过于重了。您把全部心思都集中在同我比先后上面，哪里还有心思去指挥和调整自己的马匹呢？这就是您落后的根本原因啊！"

听了王良的这一番话，赵襄子又回想起比赛的经过，感到老师说得确实中肯、深刻，不由得对王良心服口服。

从此，赵襄子就按照老师的要求去做，专心致志，把学到的理论应用到实践中去。慢慢地，赵襄子的驾车技术也有了突飞猛进的进步。

■故事感悟

学习是不能有半点儿骄傲和浮躁的，知识的掌握不是存在头脑里就行了，还要运用到实践中，这样才能真正地掌握知识。求知最重要的就是行动，只有自己亲身体会，才能让知识变成受用终生的财富。

豫让行刺赵襄子

赵、韩、魏三家分晋后，赵襄子就把智伯的头骨涂上漆，把它当作饮具。智伯的家臣豫让想为主公报仇，就化装为罪人，怀揣匕首，混到赵襄子的宫室中打扫厕所。赵襄子上厕所时，忽然心动不安，令人搜索，抓获了豫让。左右随从要将豫让杀死，赵襄子说："智伯已死无后人，而此人还要为他报仇，真是一个义士，我小心躲避他好了。"于是释放了豫让。

后来，豫让又把自己弄成了一个废人，在街市上乞讨，连结发妻子见面也认不出来。一个朋友认出了他，为他垂泪道："以你的才干，如果投靠赵家，一定会成为亲信，那时你就可为所欲为，再刺杀赵襄子不是易如反掌吗？何苦自残形体以至于此？这样来图谋报仇，不是太困难了吗？"

豫让说："我要是委身于赵家为臣，再去刺杀他，就是怀有二心。我现在这种做法是极困难的，然而之所以还要这样做，就是为了让天下与后世那些做人臣子而怀有二心的人感到羞愧。"

赵襄子乘车出行，豫让潜伏在桥下。赵襄子到了桥前，马突然受惊，遂进行搜索，抓住了豫让，于是杀死了他。

豫 让

（唐）吴融

韩魏同谋反覆深，晋阳三板免成沉。

赵衰当面何须恨，不把干将访负心。

南乡子·邢州道上作

（清）陈维崧

秋色冷并刀，一派酸风卷怒涛。

并马三河年少客，粗豪，皂栎林中醉射雕。

残酒忆荆高，燕赵悲歌事未消。

忆昨车声寒易水，今朝，慷慨还过豫让桥。

古代发明家鲁班

鲁班（约公元前507—前444），姬姓，公输氏，名般，又称公输子、公输盘、班输、鲁般。鲁国人（都城山东曲阜，故里山东滕州）。"般"和"班"同音，古时通用，故人们常称他为鲁班。他出身于世代工匠的家庭，从小就跟随家里人参加过许多土木建筑工程，逐渐掌握了生产劳动的技能，积累了丰富的实践经验。鲁班是我国古代一位出色的发明家，2000多年以来，他的名字和有关他的故事一直在广大人民群众中流传。我国的土木工匠们都尊他为"祖师"。

在我国古代的东周中期以前，土木工匠们一直都从事着原始的、繁重的劳动。直到有一位伟大的发明家利用他的智慧创造出许多灵巧的工具后，人们才从这些枯燥乏味的劳动中得以解脱。这个工匠就是鲁班。

鲁班是我国古代优秀的土木建筑工匠之一，也是一位相传具有许多创造发明的杰出科学家。2000多年以来，鲁班一直都被土木工匠尊奉为"祖师"，受到人们的尊敬和纪念。

有一年，鲁班接受了一项很大的任务——建造一座大宫殿。

要建造这样一座建筑，需要很多的木料，但是工程限期又很紧张。

鲁班的徒弟们每天都上山砍伐木材，但因为当时还没有锯子，只能用斧子砍，效率实在太低了，可木料还是远远不够，耽误了工程的进度。

在那个年代，如果完不成任务是要受到重罚的，鲁班的心里非常着急，就亲自上山察看。在上山的时候，他偶然拉了一把长在山上的一种野草，手一下子就被划破了。鲁班很奇怪，一根小草怎么会这样锋利呢？他把草折下来细心观察，发现草的两边都长有许多小细齿，他的手就是被这些小齿划破的。鲁班见状，立刻受到了启发：既然小草的齿可以划破我的手，那带有很多小齿的铁条应该可以锯断大树吧？

于是，在金属工匠的帮助下，鲁班做出了世界上第一把锯——一把带有许多小齿的铁条。他用这个简陋的锯去锯树，果然又快又省力，锯就这样发明了。

每个人的成功都是有着内部和外部影响的，鲁班工艺的不断进步离不开自己的努力和家人的帮忙。鲁班出身于世代工匠的家庭，从小就跟随家人参加过许多土木建筑工程劳动，逐渐掌握了生产劳动的技能，积累了丰富的实践经验。

弹墨线用的小钩被称为"班母"，刨木料时顶住木头的卡口又被称为"班妻"，这是为什么呢？原来，鲁班的母亲和妻子也都从事生产劳动，并对鲁班的创造发明给予了很大的帮助。

"班母"的由来是这样的：有一次，鲁班在做木工活，在用墨斗放线的时候，原来是由他母亲拉住墨线头的。后来经过多次实践，母子俩在墨线头上拴了一个小钩，放线的时候，就用小钩钩住木料的一端，这样就可以代替用手拉线，一个人操作就行了。从此，弹墨线不用再请母亲帮忙了。后世木工便把这个小钩取名为"班母"，以纪念鲁班和母亲的这个创造。

而"班妻"的由来，则是因为鲁班起初在刨木料时是由他的妻子扶着木料，后来才改用卡口的缘故。

鲁班一生的发明创造很多，在《事物绀珠》《物原》《古史考》等不少古籍中都有记载。木工使用的不少工具器械也都是由他发明的，比如木工使用的曲尺（也叫矩），就是鲁班制作的，所以又名鲁班尺。又如墨斗、刨子、钻子，以及凿子、铲子等工具，传说也是由鲁班发明的。

据《世本》上记载，石磨也是由鲁班发明的。磨最初被称为硙，汉代时才改称为磨，是把米、麦、豆等加工成面的机械。早期采用的方法，是用石头把谷物压碎或者碾碎，后来人们又把谷物放在石臼里面用杵来捣。这虽然是古代粮食加工工具的一大进步，但仍然比较费时费力。接着，人们又发现，与捣碎相比，研碎效果简直是又好又快又省力。

鲁班在劳动人民智慧的启示下，用两块比较坚硬的圆石各凿成密布的浅槽，合在一起，用人力或畜力使它转动，就能把米麦磨成粉。这就是2000多年以来我国各地广泛使用的磨。

磨的发明，把杵臼的上下运动改变为旋转运动，使杵臼的间歇工作变成连续工作，大大地减轻了劳动强度，提高了生产效率，可谓是一个很大的进步。鲁班究竟是怎样发明磨的真实情况已经无从查考，但是从考古发掘的情况来看，在距今6000年到6500年前后的仰韶文化时期，就已经有石碾棒和石制研磨盘，龙山文化时期（距今4000年左右）已经有了杵臼。因此，到鲁班的时代发明磨是有可能的。

据说，鲁班在兵器方面也有一定的造诣。据《墨子·公输篇》记述，鲁班曾经为楚国制造攻城用的"云梯"和水战用的"钩强"（又名"钩拒"），在战争中都发挥了比较大的作用。

后来，鲁班受墨子影响，不再制作这类战争的工具，而是改为专门从事与生产和生活有关的创造发明，造福于人民。

出身于世代工匠家庭的鲁班在建筑和雕刻方面的贡献也很多。

据《述异记》上记载，鲁班刻制过立体的石质九州地图。《列子·新论·知人篇》中还有关于鲁班雕刻凤凰的故事，更表现了他刻苦钻研的精神。

故事中说，鲁班想雕刻一只凤凰，还没有雕成，就受到别人的讥笑，但他却没有因此而停止工作，反而更加努力，终于刻出了神态逼真、栩栩如生的凤凰。那些曾经讥笑过他的人，都不得不佩服鲁班的高超技艺和顽强的精神。

2400多年来，人们世世代代都在传颂着鲁班发明创造的故事。人们为了表达对鲁班的热爱和敬仰，便将古代劳动人民的集体创造和发明都集中到鲁班的身上。因此，有关他的发明和创造的故事，事实上就是我国古代劳动人民发明创造的故事，鲁班的名字实际上已经成为劳动人民勤劳和智慧的象征。

■故事感悟

技术性的工作需要落实到实践之中，才有可能变成对人们有益的事。鲁班作为我国古代伟大的发明家，善于观察，勤于思考，不断实践，因此才有那么多发明创造诞生，从而提高了人们的劳动效率。我们今人应该学习鲁班勤于实践的精神，创造出更加丰硕的成果。

■史海撷英

鲁班师傅诞

每年的六月十三日，是"鲁班师傅诞"，木艺工都会十分重视这个节日。木艺工人昔日都非常注重尊师重道精神，他们最尊崇的师傅就是鲁班先师了。

木艺这一行可谓中国最古老的行业，木工在建筑业中也一直占有很重要的地位。每年祝贺师傅诞，还有一项很特别的传统活动，就是派"师傅饭"。

　　所谓"师傅饭"，其实就是在师傅诞那天用大铁锅煮的白饭，再加上一些粉丝、虾米、眉豆等。相传吃了师傅饭的小孩子，不仅能像鲁班那么聪明，还可以很快长高长大，健康伶俐。以前，在贺诞这一天，还要请一班艺人唱八音，或者演出一台木偶戏，这个通常视当年的经济情况而定，总之是非常隆重的。

■文苑拾萃

扶风歌

（西晋）刘琨

南山石嵬嵬，松柏何离离。
上枝拂青云，中心十数围。
洛阳发中梁，松树窃自悲。
斧锯截是松，松树东西摧。
特作四轮车，载至洛阳宫。
观者莫不叹，问是何山材。
谁能刻镂此？公输与鲁班。
被之用丹漆，熏用苏合香。
本自南山松，今为宫殿梁。

宰相科学家苏颂

苏颂（1020—1101），字子容。世代为闽南望族，其父苏绅中过进士。宋代天文学家、药物学家。仁宗庆历二年（1042年）进士，先任地方官，后改任馆阁校勘、集贤校理等职九年，得以博览皇家藏书。宋哲宗登基后，先任刑部尚书，后任吏部尚书，晚年入阁拜相，以制作水运仪象台闻名于世。

苏颂出身于一个书香门第之家，庆历二年（1042年）中进士，为宿州观察推官，次年改任江宁知县。三年任满后，正赶上父亲苏绅病逝，苏颂便葬父京口，从此移居润州丹阳。

苏颂被称为是宋朝的宰相科学家。在进行科技工作时，他不但指导全局，而且亲自动手，不惮繁巨，不畏劳苦。《图经本草》的标本、药图和说明文字来自四面八方，"今天下所上，绘事千名……事有详略，言多鄙俚。向非专一整比，缘饰以文，则前后不伦，披寻难晓"。

为整理这堆积如山、纷乱如麻的原始材料，苏颂提出了六项原则，前三项原则是想尽一切办法把问题研究明白；后三项原则是实事求是，既不轻易舍弃来自基层的资料，也不急于做出判断，而是两说并存或存疑待考。这也是他的工作能取得重大成就并经受住时间考验的一个重要原因。

嘉祐初年（1057年），苏颂受诏校定与编撰医书。为了可以改变本草书中混乱和错讹的状况，苏颂建议："诸路州县应将产药去处，并令识别人仔细辨认根、茎、苗、叶、花、实，形色、大小，并虫、鱼、鸟、兽、玉石等堪入药用者，逐件画图，并一一开说，着花结实、采收时月及所用功效。其番夷所产，即令询问榷场、市舶、商客，亦依此供析，并取逐味各一二两或一二枚，封角，因入京人差送，当所投纳，以昭凭照证画成本草图，并别撰图经，与今本草经并行，使后人用药，有所依据。"

朝廷采纳了苏颂的建议，并委任他编撰《图经本草》。采取他的六项原则，经过统一整理，重加撰述，苏颂终于在嘉祐六年（1061年）完成了流传至今的第一部有图的本草书。后代的李时珍曾赞扬《图经本草》"考证详明，颇有发挥"，对其给予了充分的肯定。

苏颂为了编写《图经本草》而进行的全国性普查，其另一个重要意义就在于扩大了药源。比如，菟丝过去从朝鲜进口，现知冤句（山东菏泽）也产此药；奚毒原知只有河南嵩山少室出产，而从提供分析的样品中知道四川也有等。

《图经本草》在生物学上也有较大贡献，如它对动植物形态进行了准确生动的描述，如乌贼鱼，"形若革囊，口在腹下，八足聚生口旁，只一骨，厚三四分，似小舟，轻虚而白。又有两须如带，可以自缆，故别名缆鱼。"真切地反映了头足纲乌贼科动物的特点。

《图经本草》在矿物学与冶金技术方面也有一定贡献，如它记载了丹砂、空青、曾青等105种矿物药。丹砂条的描述说："丹砂生符陵山谷。今出辰州、宜州、阶州，而辰州者最胜，谓之辰砂。生深山石崖间，土人采之，穴地数十尺，始见其苗，乃白石耳，谓之朱砂床。砂生石上，其块大者如鸡子，小者如石榴籽……又似云母片可析者，真辰砂也，无石者弥佳。过此皆淘土石中得之，非生于石床者。"这里不仅说明了丹砂这种矿物药的产地和特点，还简要介绍了丹砂矿的开采过程。

苏颂第二次领导科技工作是在元祐元年（1086年）。当时，苏颂奉命检验太史局等使用的各架浑仪，因此想到应有表演的仪器和浑仪配合使用。先前的太平兴国四年（979年），张思训曾创造了水运浑象"太平浑仪"，后来由于机绳断坏，无人知其制法。苏颂听说吏部守当官韩公廉精通数学、天文学，便告以张衡、梁令瓒、张思训仪器法式大纲。韩公廉写出《九章勾股测验浑天书》一卷，并造成机轮木样一座。后由苏颂和韩公廉于元祐三年集合一批工匠制造，元祐七年（1092年）竣工。

这是一座把浑仪、浑象和报时装置三组器件合在一起的高台建筑，整个仪器用水力推动运转，后被称为水运仪象台，其中有许多突出的发明创造。水运仪象台完成后，苏颂于绍圣初年（约1094—1096年间）将水运仪象台的总体和各部件绘图分别加以说明，著成了《新仪象法要》一书。

为了可以更加直观地理解星宿的昏晓出没和中天，苏颂又提出设计了一种人能进入浑天象内部来观察的仪器，即假天仪，具体的设计仍由韩公廉推算完成。

这一仪器是用竹木制成，形如球状竹笼，外面糊纸，按天上星宿的位置在纸上开孔。人进入球内观看，外面的光从孔中射入，呈现出大小不同的亮点，就好像夜空中的星星一般。人悬坐球内扳动枢轴，使球体转动，就可以更形象地看到星宿的出没运行。这架仪器也成为近代天文馆中星空演示的先驱。

在天文仪器制造方面，苏颂还曾详尽地研究了前代天文学家张衡、一行、张思训等取得的成就。他在《进仪象状》中说："臣谨案历代天文之器，制范颇多，法亦小异……故张衡浑天云置秘室中，以漏水转之，令司之者闭户唱之，以告灵台之观者。璇玑所加，某星始见，某星已中，某星今没，皆如符合。"

由此可知，苏颂的确曾仔细研读过张衡的著作，并继承和发展了张衡划时代的创造，如在浑象上安装一套齿轮系机械传动装置，利用漏壶流水的稳定性推动浑象均匀地绕极轴旋转。

苏颂在本草医药、天文仪器、机械图纸和星图绘制方面都能站在时代的前列，这有诸多的原因，例如他善于集中群众的智慧，组织集体攻关；善于发现人才，并大胆地提拔任用人才；勤于实验，设计多种方案，反复进行实验；勇于实践，大胆地进行全国性药物普查；尊重科学，实事求是，一时研究不通的问题，宁可存疑，决不附会。而最重要的一条，莫过于他在科学上的开拓进取和实践创新的精神。

■故事感悟

宋朝以文治国，文化上呈现出极其繁荣的局面，文人墨客数不胜数，但像苏颂这样的宰相科学家却凤毛麟角。他以宰相之高位去从事科技研究工作，而且不惮烦巨，亲自动手实践，去寻求正确的方法，实为难得。

■史海撷英

苏颂关心民间疾苦

苏颂在淮南担任转运使期间，看到因饥荒而造成哀鸿遍野、灾民饥饿难耐的惨景，于是上书为百姓请求救济："臣窃闻近日甚有近北灾伤人民流移往邻路州逐熟，……今并淮诸郡，虽稍登稔，若食口既多，必致物价腾踊。万一将来秋成失望，漂泊之民，未有归业之期。坐食贵谷，便见所失。彼时须烦县官赈救，为惠差迟，则其敝益甚矣。臣以为存恤之法，莫若先平物价，若物货之平，则莫若为粜给，使之常食贱价之物，则不觉转移流徙之为患也。"

苏颂不仅想到了荒年中对灾民的赈济，而且想到赈救后物价如何保持平稳，流民如何归业安居等，想得可谓周到长远。

苏颂关心民瘼，体恤百姓，深为皇帝所知。熙宁九年（1076年）正月，苏杭地区再次闹灾。在选任地方长官时，宋神宗称"苏颂仁厚，必能拊安吴人"，派苏颂前往赈灾。

■文苑拾萃

奚山道中

（宋）苏颂

拥传经过白霄东，依稀村落有华风。
食饴宛类吹箫市，逆旅时逢炀灶翁。
渐使犬羊归畎亩，方知雨露遍华戎。
朝廷涵养恩多少，岁岁轺车万里通。

潘季驯成功治水患

潘季驯（1521—1595），字时良，号印川。浙江乌程（今吴兴）人。明代治理黄河的水利专家。嘉靖二十九年（1550年）进士。初授九江推官，后升御史，巡按广东。四十四年，由大理寺左少卿进右佥都御史，总理河道，开始治理黄河。次年，加右副都御史。隆庆四年（1570年），河决邳州、睢宁，起故官，再任总河，塞决口。次年报河工成，寻以运输船只漂没事故，遭勘河给事中雒遵劾，罢去。万历四年（1576年）夏再起官，巡抚江西，次年召为刑部右侍郎。六年夏，以右都御史兼工部左侍郎总理河漕，九月兴两河大工，次年工竣，黄河下游得数年无羔。八年春，加太子太保，进工部尚书，九月迁南京兵部尚书。十一年正月，改刑部尚书。

由于大禹治水成功，故而他所采取的疏导之法也被后世奉为圭臬。古代的治河法都是以排泄洪水为最基本的方法，没有人对泥沙做过任何的关注。

王莽统治时期，当时的水利专家大司马史长安人张戎曾说："水性就下，行疾则自刮除成空而稍深。河水重浊，号为一石水而六斗泥。今西方诸郡，以至京师东行，民皆引河、渭山川水溉田。春夏干燥，少水时也，故使河流迟，贮淤而稍浅。雨多水暴至，则溢决。而国家数堤塞之，稍益高于平地，犹筑垣而居水也。可各顺从其性，毋复灌溉，则百川流行，水道自利，无溢决之害矣。"

张戎的意见是说，下游之所以淤塞，是由于上游开渠灌溉，使河槽水少，流速减缓而致。如果能高筑数堤以居水，再停止上游的灌溉，就能使"百川流行，水道自利，无溢决之害"。

这一说法与潘季驯的主张简直如出一辙，可以看作是束水攻沙理论的最早提出者。可惜的是，王莽新朝是一个短命的朝代，所以张戎的理论也没有来得及付诸实施。张戎以后，直到明朝初期，这一理论都没有引起任何人的关注。

明代中后期，即潘季驯第二次治河时，通过细致观察目睹水冲沙走的情况，萌生了以水攻沙的想法。这次治河过程的许多奏疏也都反映了潘季驯的这种思想，如《议筑长堤疏》云："照得自去岁海口至黄河之水壅不得下，积沙伏地。徐邳一带河身渐浅，已非昔日。水一泛滥，即漫堤上。是以复有睢宁之决。即使邳州上下仅复故道，安能使徐、吕之河尽去伏淤？为今之计，当自徐至邳，自邳至淮，查照两崖堤岸，如法高厚。两崖之外，仍筑遥堤，以防不测。庶几水由地中行，淤沙亦随之而去。数年之间，深广如旧，冲决之变亦自免矣。看得黄河淤塞多由堤岸单薄，水从中决，故下流自壅，河身忽高。访得二洪以南，堤岸十分单薄，诚恐五月水发，水从旁决，则白洋诸浅之淤方通，而二洪以南之患随之。"

潘季驯认为，要防止这种情况出现，就"必须预筑长堤坚固，水无泄漏，则沙随水去，无复停蓄壅遏之患"。

此外，还有徐州以南的河道，自从隆庆三年（1569年）海啸以后，河沙淤积，河身垫高，河道容受甚少，略有雨水，河道就会溢决泛滥。面对这种情况，潘季驯也认为，"欲图久远之计，必须筑近堤以束河流，筑遥堤以防溃决"，并且应把这种方法作为不可变易之治河方略加以实施。

可惜的是，潘季驯尚未对之进行大规模的实践，就被罢免回家了，这也成为他第二次治河中的遗憾。

虽然潘季驯的措施没来得及实现，但接替他担任河道大臣治理河道的万恭却使潘季驯的这一想法变成了现实。

隆庆六年（1572年），万恭在河南虞城一带视察河道时，采纳了当地一位秀才的意见，在徐州和宿迁之间修了370里的黄河大堤，初步收到了以水冲沙的效果。但当时为了束水，两堤之间的距离较近，遇到特大洪水，仍然不免有决溢之患。由此，潘季驯又想到缕堤、遥堤并筑的方法。缕堤用以束水，遥堤用以防洪，使以堤束水、以水攻沙的理论在实践中不断完善。

潘季驯在第三次主持治河时，面对"黄决崔镇而北，淮决高堰而东，清、桃塞，海口湮"的局面，有人提出用人力疏浚海口，潘季驯对这种方法坚决反对，他说："河底深者六七丈，浅者三四丈，阔者一二里，隘者一百七十八丈。沙饱其中，不知其几千万斛？即以十里计之，不知用夫若干万名？为工若干月日？所挑之沙，不知安顿何处？纵使其能挑而尽也，堤之不筑，水复旁溢，则沙复停塞，可胜挑乎？"相反，"以水冲沙，如汤沃雪"。为什么我们不用现有河道的自然之水去冲沙，却要用人力去做徒劳无益的事情呢？

潘季驯认为，束水攻沙是解决黄河泥沙淤积问题的最有效措施，只有解决黄河泥沙的淤积问题，才能保证黄河的长治久安。所以在对黄河的治理上，他坚决反对分流，认为"水分则势缓，势缓则沙停，沙停则河饱，尺寸之水皆由沙面，止见其高。水合则势猛，势猛则沙刷，沙刷则河深，寻丈之水皆由河底，止见其卑。筑堤束水，以水攻沙，水不奔溢于两旁，则必直刷乎河底"，这是治理河道的"一定之理，必然之势"，除此之外，别无他法。

蓄清刷黄是潘季驯对束水攻沙理论的又一个发展和创造。潘季驯第三次治河时，黄、淮、运交汇之处的清口因"黄决崔镇而北，淮决高堰而东"而成为一片积沙，清口的黄河尾闾也被积沙所淤。当时有不少人提出疏浚清口、疏浚黄河入海河道及疏浚海口的主张，潘季驯经过勘察，对上述意见全部予以否定，而是主张堵塞崔镇决口，迫使黄河回归故道，修筑高家堰，使淮水全部从清口流出，以全淮之力以敌黄，以淮河的清水稀释黄河的泥沙，然后两河合力，冲刷河道和海口积沙，最后终于取得成功。所以说，潘季驯是以堤束水、以水攻沙理论的集大成者。

从1565年到1592年，潘季驯的一生中共四次治河。一次又一次的治黄实践，也使他从一个对黄河和河工技术一无所知的人，逐步磨练成为一位经验丰富的治河专家。如果说他首任河官初识水性，二任河官则已深知堤防的重要性，三任总理河道时，他形成了"以河治河，以水攻沙"的思想并付诸实践，四任河官时，潘季驯就总结前人经验结合自己大量的实践，形成了他的治河理论。习知地形险易，成绩显著，他主张综合治理黄河下游，认为黄河运河相通，治理了黄河也就保护了运河，黄河、淮河相汇，治淮也就是治黄，既不能离开治黄谈保运，也不能抛开治淮谈治黄。隆庆之际，黄河和淮河经他治理后，"两河归正，沙刷水深，海口大辟"，使黄、淮、运河保持了多年的稳定。

■故事感悟

先贤大禹利用疏导的方法成功治理了水患，这是实践的胜利。但是后人只知沿袭前人的做法，不知创新，导致新问题不断产生。潘季驯本来

对治水一窍不通，但他勤于观察，在一次次的治黄实践中，不断总结经验，最后总结出"束水攻沙"这一治黄良方，最终成功治理了黄河。

■史海撷英

潘季驯被贬官

明王朝经过200多年的风风雨雨，到嘉靖年间已是危机四伏。紫禁城里每日都设坛修醮，青烟缭绕，幻想长生不死的嘉靖皇帝陶醉于《庆云颂》的华丽辞藻，将朝政托付给奸相严嵩。严嵩父子趁机为非作歹，贪赃枉法。这时，平民出身的内阁首辅张居正被推上了历史的前台，以其非凡的魄力和智慧，整饬朝纲，巩固国防，推行一条鞭法，使奄奄一息的明王朝重新获得生机。

万历十年六月二十日，张居正病逝。不久后，张居正家族被抄，长子张敬修自缢而死，全家饿死十余口。这时潘季驯看不下去了，便上疏明神宗说，"治居正狱太急""至于奄奄待毙之老母，茕茕无倚之诸孤，行道之人皆为怜悯。"神宗听了很不高兴。后来，御史李植又弹劾潘季驯，说他党庇张居正，潘季驯最终被落职为民。

科艺全才的朱载堉

朱载堉（1536—1611），字伯勤，号句曲山人，青年时自号"狂生""山阳酒狂仙客"，又称"端靖世子"。祖籍安徽省凤阳县，生于怀庆府河内县（今河南省沁阳市）。系明太祖朱元璋九世孙，明成祖朱棣的第八世孙，明仁宗朱高炽的第七代孙，郑藩王族嫡世。明代著名的律学家（有"律圣"之称）、历学家、数学家、艺术家、科学家。

朱载堉是明太祖朱元璋的九世嫡孙。虽然贵为王子，但他的生活道路并不平坦，这与他父亲朱厚烷的经历有关。

朱厚烷是明仁宗朱高炽的第六世孙，袭父封爵，为郑恭王。他生活朴素，为人刚直，《明史》本传说他"自少至老，布衣蔬食"。

朱厚烷被囚禁时，朱载堉刚刚15岁。他"痛父非罪见系，筑土室宫门外，席藁独处者十九年，厚烷还邸，始入宫"。在这期间，朱载堉布衣蔬食，发奋攻读，致力于乐律、历算之学的研究，撰写了大量学术著作。

朱载堉自幼就喜欢音律、数学等，在"席藁独处"期间，他潜心著述；在恢复了王子身份以后，他仍然以学问为主，务益著书，从而为后人留下了丰富的著作。

嘉靖二十九年（1550年），朱载堉著《瑟谱》；万历九年（1581年），他完成了《律历融通》等书；万历十二年（1584年），又完成《律学新说》。万历二十三年（1595年），朱载堉"上历算岁差之法，及所著乐律书，考辨详确，识者称之"。

朱载堉对古代文化的最大贡献，就是他创建了十二平均律，这是音乐学和音乐物理学的一大革命，也是世界科学史上的一大发明。

在中国古代音律学发展过程中，怎样才能实现乐曲演奏中的旋宫转调，历代都有学者们孜孜不倦地进行探索。但是直到朱载堉时，仍然没有人登上成功的峰顶，只有朱载堉彻底解决了这一问题。

朱载堉在总结前人乐律理论的基础上，通过精密计算和科学实验，成功地发现了十二平均律的等比数列规律，称其为密率。在其《律学新说》卷一中，他概述了十二平均律的计算方法："创立新法：置一尺为实，以密率除之，凡十二遍。"

在《律吕精义·内篇》卷一中，他对十二平均律做了描述："盖十二律黄钟为始，应钟为终，终而复始，循环无端。……是故各律皆以黄钟……为实，皆以应钟倍数1.059463……为法除之，即得其次律也。"

为了阅读方便，朱载堉还在引文中用阿拉伯数字代替了原文中的汉字数字。用这种方法确定的各律相应弦长，其音程相等，完全可以满足音乐演奏中旋宫转调的要求。这也正是现代国际音乐中通用的十二平均律。朱载堉一劳永逸地解决了这一问题。

在创建十二平均律的过程中，朱载堉也受到了父亲的影响。朱厚烷精通音律学，他曾对儿子朱载堉说："仲吕顺生黄钟，返本还元；黄钟逆生仲吕，循环无端。实无往而不返之理。笙琴互证，则知三分损益之法非精义也。"

朱厚烷坚信旋宫转调能够实现，同时又明确指出传统三分损益法不可取，这对朱载堉产生了很大的启发。也正是在父亲及前人工作基础上，朱载堉才最终完成了十二平均律的伟大发明。

围绕着十二平均律的创建，朱载堉成功地登上了一个又一个科学高峰。例如，为了解决十二平均律的计算问题，他研究了等比数列，找到了计算等比数列的方法，并将其成功地应用于求解十二平均律。为了解决繁重的数学运算，他最早运用珠算进行开方运算，并提出了一套珠算开方口诀，这是富有创见之举。他还解决了不同进位小数的换算方法，做出了有关计算法则的总结。在数学史上，这些都是很引人注目的成就。

在中国古代，音律学与度量衡是分不开的。朱载堉在研究音律学的同时，还对计量学和度量衡的演变做了考察。他亲自做了累黍实验，以确定古人所说的尺长。为了确定量制标准，他还测定了水银的密度，测量结果相当精确。他从理论上辩证说明了"同律度量衡"的关系，对后世产生了较大的影响。

朱载堉在研究时注重实践、实验和实测，尤其注意将自己的理论放在实践中去检验。例如，他提出的名为"异径管律"的管口校正法，就是从数学中推导出来以后，又在实践中进行检验，证明了它确实是有效的。他的书中也记述了大量的实验事实，如管口校正实验、和声实验、累黍实验、度量实验等，都充分反映了他的这一思想方法。

朱载堉在天文学上也有很高的造诣。朱载堉生活的时代，明朝通用的历法是《大统历》，由于行用日久，常出差错。万历二十三年（1595年），朱载堉上书皇帝，进献《圣寿万年历》《律历融通》二书，提请改历。该历法见解精辟，深得识者称许。《明史·历志》曾大段摘引他的议论。礼部尚书范谦向皇帝建议说："其书应发钦天监参订测验。世子留心历学，博通今古，宜赐敕奖谕。"最终得到皇帝允许。

邢云路是明末的一位著名天文学家，著有《古今律历考》一书，朱载堉曾为之作序。序文中称，他曾和邢"面讲古今历事，夜深忘倦"，邢"摘历史紧要处问难"，朱"于灯下步算以答"，二人"携手散步中庭，仰窥玄象"，生动地描述了两人协力钻研天文的情形。

朱载堉的科学贡献是巨大的，他是我国封建社会一位富有创造性的学者，也是明代科学和艺术史上的一颗巨星，中外学者都尊崇他为"东方文艺复兴式的圣人"。

■故事感悟

朱载堉虽然贵为皇族，但并没有沦为不学无术的纨绔子弟。他发奋攻学，致力于学术研究，在成功地创建十二平均律的过程中攀登了一个又一个科学高峰。他把理论应用于实践中，在实践中验证理论，"力行近乎仁"，他不愧是"东方文艺复兴式的圣人"。

■史海撷英

朱载堉与高台火轿

明郑藩王子朱载堉七疏辞爵后，隐居在丹水河畔的九峰山下著书立说，万善古镇成为他经常游历的地方。朱载堉十分同情被称为"下九流"的抬轿夫和唢呐手等民间艺人，便竭力想为他们争取地位，大胆地把踩高跷和抬花轿两种民间表演艺术结合在一起，精心设计出了踩着高跷抬花轿的表演形式。

朱载堉的初衷，就是要让人以仰视的角度高看"轿夫"，用艺术的表现手段来提高"轿夫"在世人眼中的形象和地位。随后，朱载堉又不断对其改进，将白天表演改为夜间，将花轿改为火轿，把原来的布轿改为纱轿，轿的周围插上蜡烛，轿顶镶嵌上能喷射出彩色火焰的龙头，寓意火旺、财旺，象征着一年里百姓的生活红红火火。

除了表演形式不断改进外，从内容上也不断丰富，朱载堉把他创作的民间舞蹈广泛运用到其中，伴奏用的乐器也是他改进后的管子和唢呐，打击乐器用的是"金鼓经"中的鼓谱。他还把自己编的"醒世词""情理词"等谱成曲调，让艺人们在表演中演唱。